Título original: *Mon grand animalier*

Apartado de correos 225 - 46600 Alzira
www.algareditorial.com
Impresión: Liberdúplex

1.ª edición: enero, 2019
ISBN: 978-84-9142-276-1
DL: V-3404-2018

DESCUBRIENDO EL MUNDO

MI GRAN LIBRO DE ANIMALES

Christine Pompéï

algar

ÍNDICE

LOS ANIMALES DEL MAR P. 4

LOS ANIMALES DEL BOSQUE P. 14

LOS ANIMALES DE LA SABANA P. 26

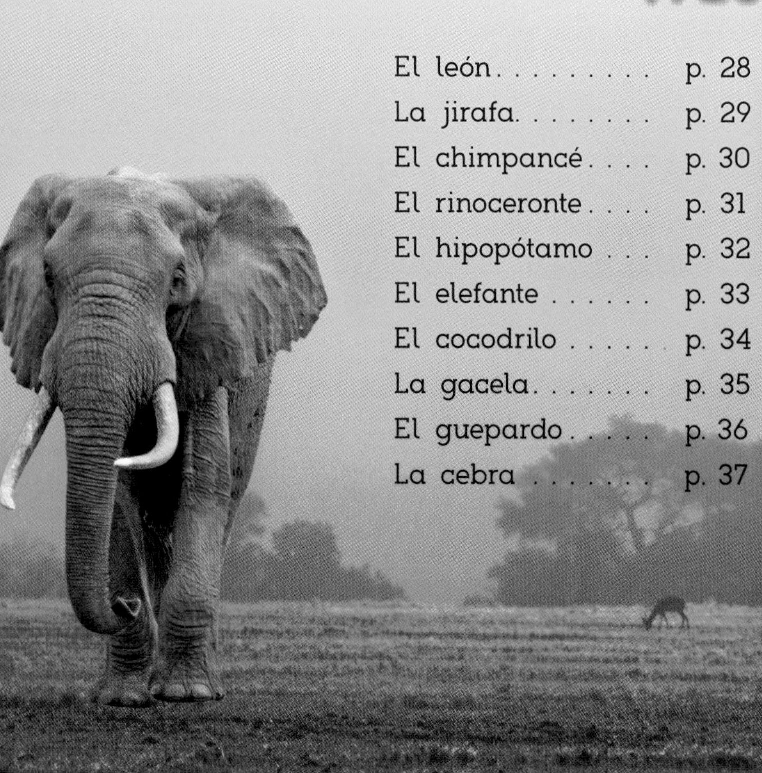

LOS ANIMALES DE LA JUNGLA P. 38

LOS ANIMALES DOMÉSTICOS P. 48

LOS ANIMALES DEL FRÍO INTENSO P. 58

LOS ANIMALES DE LA GRANJA P. 68

LOS INSECTOS P. 80

LOS ANIMALES
DEL MAR

LA BALLENA

- **Distribución**......... variable según las especies, con mucha concentración a lo largo de la costa de California.
- **Talla** .... de 20 a 30 m de longitud.
- **Peso** .... 100 toneladas.
- **Esperanza de vida** . . 80 años.
- **Signo particular** .... su canto.

La ballena es el animal más grande que existe. Únicamente puede vivir en el agua, donde puede soportar su peso. Solo su corazón pesa ya 600 kilos. Su cuerpo liso está recubierto de grasa y contiene hasta 1000 litros de sangre. La cola plana le sirve de aleta. Se sumerge a más de 200 metros de profundidad, pero, como todos los mamíferos, no puede respirar en el agua y tiene que subir a la superficie para tomar aire. Se alimenta de kril, una especie de plancton, y come unas cuatro toneladas al día.

La ballena es vivípara: lleva a su cría en el vientre durante un año, aproximadamente. En el momento de su nacimiento, el ballenato ya es un precioso bebé de dos toneladas.

Pese a su corpulencia, la ballena puede sufrir los ataques de orcas o de tiburones, pero su peor enemigo es el ser humano, cazador de ballenas. La especie está amenazada, aunque está protegida.

¿PODRÍAS IMITAR EL CANTO DE LAS BALLENAS?

La ballena jorobada puede vocalizar de forma específica para llamar a sus congéneres a la hora de comer. La concentración más grande de ballenas se sitúa a lo largo de la costa de California, pero también pueden verse en las costas de Groenlandia y de Islandia.

EL DELFÍN

- **Distribución** . . . . generalmente en las aguas templadas y tropicales.
- **Talla** . . . . de 2 a 3 m.
- **Peso** . . . . de 100 a 400 kg.
- **Esperanza de vida** . . 40 años.
- **Signo particular** . . . . su inteligencia.

El delfín no es un pez, sino un mamífero acuático con aletas. Tiene el lomo negro o gris y el vientre blanco. Su piel es lisa y posee un morro largo con dientes. Es un animal muy juguetón. No tiene miedo del ser humano y no es raro verle aproximarse a los barcos. Para los pescadores, el delfín es señal de la presencia de bancos de peces. Los delfines se alimentan de caballas, sardinas o gambas, y las detectan mediante la emisión de ultrasonidos.

Viven en grupo y se ayudan mutuamente para alimentarse y defenderse. Aunque les gusta la compañía, los delfines siguen siendo unos animales peligrosos a causa de su peso y de su fuerza.

Una vez al año, la hembra da a luz a una cría a la que amamantará como mínimo durante doce meses.

¿CONOCES UN DELFÍN FAMOSO DE LA TELEVISIÓN?

Flipper es el héroe de una serie televisiva infantil.

EL BOGAVANTE

• **Distribución**	Atlántico Norte, sobre todo en los mares fríos.
• **Talla**	hasta 50 cm.
• **Peso**	hasta 4 kg.
• **Esperanza de vida**	50 años.
• **Signo particular**	el recurso a la autotomía.

Hay dos especies de bogavantes: el bogavante europeo y el bogavante americano, que es un poco más pesado y más grande.

No vive a grandes profundidades, no a más de cincuenta metros. De día, permanece escondido dentro de las rocas o dentro de los agujeros que él mismo se excava. Por la noche, sin embargo, sale de su refugio y... ¡atentos quienes se acerquen demasiado a sus pinzas! ¡Son grandes y temibles! Una de sus pinzas, la «cizalla», está particularmente afilada y le sirve para trocear a sus presas. La otra pinza, el «martillo», es un poco más grande y le sirve para romper e incluso triturar algunos caparazones. El bogavante se alimenta de mejillones y de peces, pero también de cangrejos e incluso de erizos. Azul, gris o negro, su caparazón es muy duro y le ofrece una excelente protección contra los posibles depredadores. Los únicos momentos en los que es vulnerable es mientras está en el periodo de muda.

¿QUÉ TIENEN EN COMÚN...

...EL BOGAVANTE Y EL LAGARTO?

Si un depredador atrapa a un lagarto por la cola, este tiene el recurso de la autotomía, es decir, que huirá y abandonará su cola. Como el lagarto, el bogavante es capaz de sacrificar una de sus pinzas. La cola del lagarto volverá a crecer. Lo mismo hará la pinza del bogavante. Es por eso que a veces tienen una pinza grande y otra pequeña, que todavía tardará un tiempo en crecer.

EL PULPO

- **Distribución**........ en el mundo entero.
- **Talla** .... según la especie, de 25 cm a 10 m.
- **Peso** .... muy variable, según la especie.
- **Esperanza de vida** . . según la especie, de 6 meses a 5 años.
- **Signo particular** .... sus ocho brazos.

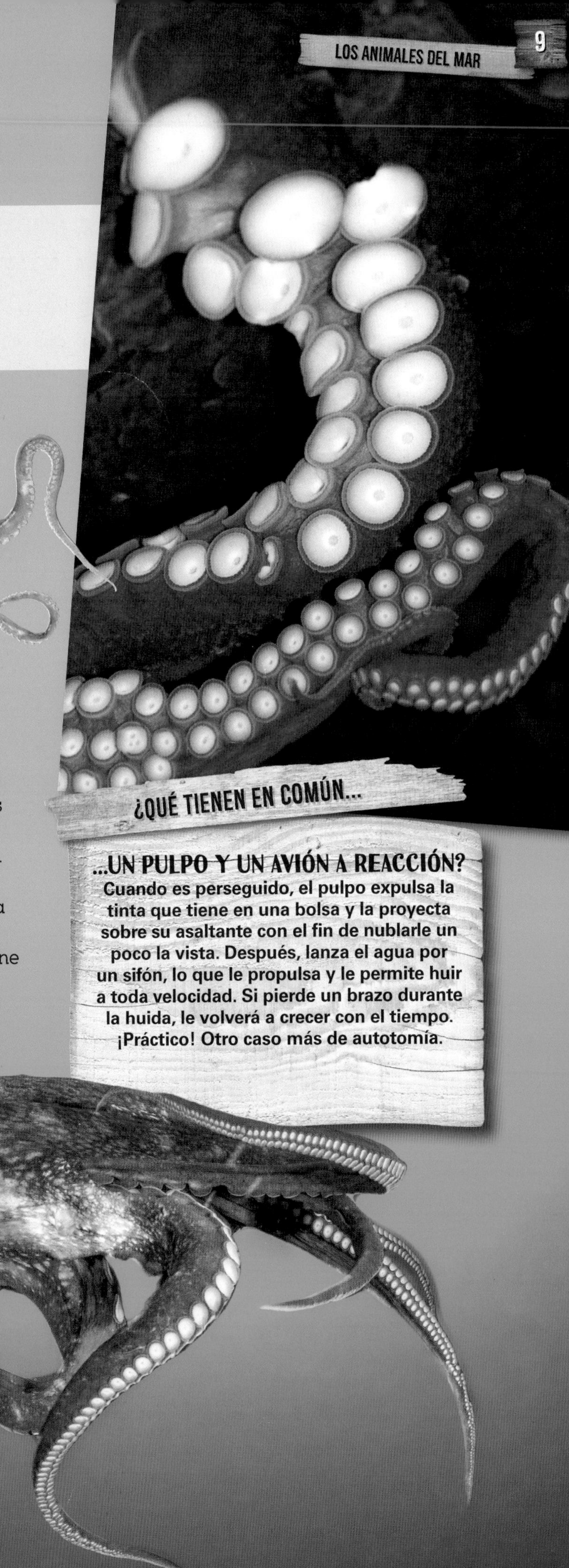

El pulpo es un animal sorprendente. Posee ocho brazos llamados tentáculos, bajo los cuales se encuentran las ventosas. Su cuerpo en forma de saco es todo blando a excepción del pico, que le permite desgarrar a sus presas. Come muchos crustáceos y moluscos, y escupe después los caparazones y las conchas. Para cazarlos, se desplaza a ras del suelo y avanza, como una bailarina, sobre la punta de los tentáculos. Otra particularidad del pulpo tiene que ver con su sangre: no es roja, ¡sino azul! No contiene hemoglobina, como la nuestra, sino hemocianina.

¿QUÉ TIENEN EN COMÚN...

...UN PULPO Y UN AVIÓN A REACCIÓN?

Cuando es perseguido, el pulpo expulsa la tinta que tiene en una bolsa y la proyecta sobre su asaltante con el fin de nublarle un poco la vista. Después, lanza el agua por un sifón, lo que le propulsa y le permite huir a toda velocidad. Si pierde un brazo durante la huida, le volverá a crecer con el tiempo. ¡Práctico! Otro caso más de autotomía.

EL TIBURÓN

- **Distribución**......... en todos los mares, pero más numerosos en las regiones tropicales y en las aguas templadas.
- **Talla**................ variable, según la especie, de 17 cm a 20 m.
- **Peso**................ variable, según la especie, desde algunos gramos hasta varias toneladas.
- **Esperanza de vida**.. variable, según la especie. Los tiburones ballena pueden vivir cien años.
- **Signo particular**.... los dientes se les caen y les vuelven a salir a lo largo de toda su vida.

¿SABES QUÉ TIENE QUE VER EL RATONCITO PÉREZ CON EL TIBURÓN?

Los tiburones poseen varias hileras de dientes, que les caen y les vuelven a salir regularmente. En toda su vida, el tiburón puede perder ¡hasta 3000 dientes! ¡Ánimo, ratoncito!

¡El tiburón es un pez con una reputación temible! Pero hay muchas especies de tiburones. Algunos son peligrosos, ¡pero otros no harían daño ni a una mosca! Más vale no cruzarse con el gran tiburón blanco, que tiene una longitud parecida a la de dos coches juntos y que se ha hecho famoso gracias a la película. Existen también tiburones de aspecto sorprendente, como el pez martillo. Su morro largo y plano, perpendicular al cuerpo, da a este tiburón una silueta de martillo gigante. Algunos tiburones tienen nombres graciosos, como los llamados «angelotes». No se parecen en nada a los tiburones clásicos: son peces planos que viven en el fondo del mar. Por desgracia, los angelotes se encuentran el peligro crítico de extinción y solo quedan unos pocos ejemplares en las aguas de Gran Canaria.

Numerosos tiburones comen peces, otros son carnívoros. Pero también hay tiburones casi herbívoros, que se alimentan de plancton marino.

EL PEZ PAYASO

- **Distribución**......... en el océano Pacífico.
- **Talla**................. de 5 a 10 cm más o menos.
- **Peso**................. solamente algunos gramos.
- **Esperanza de vida**.. de 8 a 10 años.
- **Signo particular**.... vive dentro de los tentáculos de una anémona de mar.

¿CONOCES ALGÚN PEZ PAYASO FAMOSO?

¡Nemo, por supuesto, de las famosas películas de animación!

El pez payaso vive generalmente en las barreras de coral y en las lagunas de arrecifes del océano Pacífico, cuyas aguas templadas aprecia. Se alimenta de plancton, pero también de pequeños crustáceos. Cuando el pez payaso macho se encuentra con el pez payaso hembra, empieza una larga historia... ¡En su caso, es para toda la vida! La hembra pone los huevos y es el macho el que se ocupa de ellos y los protege.

¿QUIÉN ES LA MEJOR AMIGA DEL PEZ PAYASO?

¡Es la anémona de mar! Vive con ella, escondido dentro de sus tentáculos. Está inmunizado contra el veneno de la anémona. ¡No le hace nada en absoluto! Están muy compenetrados y se entienden a la perfección. El pez payaso nunca se aleja demasiado de su anémona, y tiene muchas atenciones con ella: la limpia de molestos parásitos y, si algún pez intenta atacarla, la defiende.

EL CANGREJO

- **Distribución**. . . . . generalmente a lo largo de las costas de los océanos Atlántico, Pacífico e Índico.
- **Talla** . . . . variable.
- **Peso** . . . . hasta 5 kg para algunas especies.
- **Esperanza de vida** . . de 8 a 15 años.
- **Signo particular** . . . . muda regularmente.

¿QUÉ TIENEN EN COMÚN...

...UN CANGREJO Y UN JABALÍ?
¡Que los dos tienen cerdas! Como los cerdos y los jabalíes, algunas especies de cangrejos están recubiertas de pelos cortos y muy duros.

El cangrejo tiene cuatro patas a cada lado y dos pinzas delante. Se desplaza muy deprisa, siempre de lado, lo que le da un aspecto peculiar. Pero las patas no le sirven solo para caminar. Gracias a ellas puede hacer agujeros en la arena para esconderse, atrapar moluscos para comérselos, nadar y también pellizcar. ¡Clac, clac!

Hay varias especies de cangrejos con nombres a veces sorprendentes: el cangrejo azul, el cangrejo de arrugas, el cangrejo fantasma, el cangrejo de las nieves... ¡Incluso el cangrejo violinista!

La medida de los cangrejos es muy variable. Algunos son minúsculos, como el cangrejo de los mejillones, que también se llama cangrejo guisante. Es tan pequeño que vive dentro de las conchas de las ostras o de los mejillones. ¡Pero también hay cangrejos gigantes, que pesan varios kilos y llegan a tener más de dos metros de envergadura! Es el caso del cangrejo boreal, llamado también cangrejo ruso. Más vale que no te atrape...

EL CENTOLLO

- **Distribución** .... Atlántico Norte y Mediterráneo.
- **Talla** .... hasta 20 cm.
- **Peso** .... hasta 3 kg para la mayoría de las especies.
- **Esperanza de vida** .. de 7 a 8 años.
- **Signo particular** .... los pinchos sobre el caparazón.

El centollo es un gran cangrejo de color rojo anaranjado con el caparazón triangular y recubierto de pequeños pinchos. Las algas y los animales pequeños se enganchan en estas púas, ofreciéndoles así un perfecto camuflaje. Como el cangrejo, tiene cinco pares de patas largas y finas, las dos primeras de delante acabadas en forma de pinzas.

El centollo crece al alimentarse de plancton y de otros detritus, pero también gracias a sus mudas sucesivas. Durante los dos primeros años vive cerca de la costa. En la edad adulta puede llegar a los 20 centímetros y a un peso máximo de 3 kilos. Es entonces cuando desciende a las profundidades del mar, hasta los 70 metros. Cada invierno efectúa una migración descendente que le hace llegar más hondo todavía. Vuelve a subir a partir del mes de abril y se aproxima a la costa.

¿EXISTEN LOS CENTOLLOS GIGANTES?

¡Sí! El centollo gigante de Japón pesa una veintena de kilos y, al extender las patas, puede llegar a una envergadura de 3,5 metros.

LOS ANIMALES DEL BOSQUE

EL BÚHO

- **Distribución**. . . . . Europa, Asia, América del Norte.
- **Talla** . . . . variable, según la especie, de 20 a 73 cm.
- **Peso** . . . . variable, según la especie, de 3 a 80 kg.
- **Esperanza de vida** . . variable, según la especie, hasta los 25 años.
- **Signo particular** . . . . los dos penachos sobre la cabeza.

El búho tiene un puñado de plumas sobre la cabeza que parecen cuernos u orejas llamado penacho.

Es un ave nocturna y descansa durante el día. Es famoso por su grito, que resuena a veces por las noches: «uh, uh, uh, uh». Se dice que ulula.

Para alimentarse, el búho caza sobre todo roedores aunque también pequeños pájaros. Hay diferentes clases de búhos: el búho real, que es imponente y majestuoso; el búho chico, que no tiene cuernos, sino largas orejas; el autillo europeo, más pequeño; o el búho campestre, reconocible por su color rojizo.

¿LA LECHUZA ES LA HEMBRA DEL BÚHO?

¡Para nada! Son dos especies muy diferentes. ¡Es fácil distinguirlas! Los búhos tienen dos penachos en la cabeza, mientras que las lechuzas solo tienen uno. ¿Te acordarás?

LA ARDILLA

- **Distribución**......... principalmente en Europa, y dentro de las zonas boscosas.
- **Talla** .... de 20 a 28 cm.
- **Peso** .... de 250 a 340 g.
- **Esperanza de vida** .. de 4 a 5 años.
- **Signo particular** .... una cola en forma de plumero que le sirve de contrapeso cuando se pasea por los árboles y de abrigo cuando duerme.

Es un pequeño roedor de cola espesa. Existen ardillas grises y ardillas rojas. Es un animal muy ágil que, gracias a su cola y a sus patas poderosas, salta de rama en rama. ¡Hop, hop, hop! Y suerte que es rápida y ágil, porque tiene algunos enemigos que se la querrían comer... como el perro, el zorro, ¡e incluso el gato!

La ardilla se alimenta de frutos secos, de granos diversos, de setas y de piñas. Y, como el alimento escasea en invierno, es previsora y entierra sus granos en escondites que le sirven de despensa. Los desentierra cuando llega el frío y ya no encuentra nada que comer.

¿QUÉ TIENEN EN COMÚN...

...UNA ARDILLA Y UN SIMIO?
Los dos son muy ágiles y suben a los árboles a una velocidad impresionante.

EL LOBO

- **Distribución**. . . . . América del Norte y Europa.
- **Talla** . . . . según la especie y el sexo, de 60 a 90 cm.
- **Peso** . . . . según la especie y el sexo, de 25 a 40 kg.
- **Esperanza de vida** . . de 8 a 14 años.
- **Signo particular** . . . . vive en manada.

No le gusta estar solo y vive en compañía de otros lobos formando una manada. Para comunicarse entre ellos, o indicar un peligro, pueden aullar.

Se parece a ciertas razas de perros, como el pastor alemán o el husky. Para alimentarse, este gran carnívoro caza siempre en grupo. Ataca prioritariamente a los animales enfermos o débiles.

En una manada, hay siempre un jefe dominante que dirige al grupo. Solo él, con la loba que le acompaña, tendrá crías: los lobeznos. La loba da a luz en una guarida que ha excavado para que las crías estén protegidas. Cuando nacen los lobeznos, la manada entera se ocupa de ellos.

En el mundo, el lobo es considerado cada vez más una especie protegida, porque es un animal en vías de extinción.

¿QUÉ TIENEN EN COMÚN...

...EL LOBO Y EL PERRO?

Como el perro, el lobo gruñe y ladra. Pero tienen muchos más puntos en común, porque el lobo es el ancestro del perro.

EL OSO

- **Distribución** . . . . América, Asia y Europa.
- **Talla** . . . . según la especie y el sexo, de 1,50 a 3 m.
- **Peso** . . . . según la especie y el sexo, de 60 a 700 kg.
- **Esperanza de vida** . . de 25 a 45 años.
- **Signo particular** . . . . le encanta la miel.

Hay osos pardos y osos negros, pero también osos blancos. Según su especie, viven en lugares diferentes. Los blancos, llamados también osos polares, viven en el Polo Norte, en la banquisa. Los negros viven sobre todo en los bosques de América del Norte. Por lo que respecta a los pardos, se encuentran también en América del Norte, y aunque antiguamente estaban presentes en Europa, hoy en día han desaparecido casi todos.

Sean del color y de la especie que sean, todos los osos tienen el pelaje espeso, zarpas, las orejas pequeñas y redondas y una cabeza como de peluche. ¡Pero no te confíes, será mejor que no le des un abrazo! El oso es carnívoro y, cuando tiene hambre ¡tiene hambre! Es muy goloso y le encanta la miel de las abejas.

¿CUÁL ES LA DIFERENCIA ENTRE...

...LAS ZARPAS DEL OSO Y LAS ZARPAS DEL GATO?

El tamaño, por supuesto, pero también su estructura. Las zarpas del gato son retráctiles, es decir, que puede sacarlas o esconderlas cuando quiera. Este no es el caso del oso. Tiene siempre las zarpas hacia afuera y no puede esconderlas.

EL ZORRO

¿QUÉ TIENEN EN COMÚN...

...UN ZORRO Y UN CONEJO?
Los dos excavan madrigueras, ¡pero no juntos, evidentemente! ¡Cada uno en su casa!

- **Distribución**. . . . . Europa, América del Norte, África del Norte en el caso del zorro rojo.
- **Talla** . . . . alrededor de 1,25 m de largo.
- **Peso** . . . . de 6 a 10 kg.
- **Esperanza de vida** . . de 2 a 10 años.
- **Signo particular** . . . . es un animal astuto.

Con el morro alargado, las orejas de punta y la cola espesa, el zorro rojo es el más conocido. Pero existen también otras especies, como el zorro polar, que vive cerca del Polo Norte, o el zorro del desierto, que puede encontrarse en el desierto del Sáhara.

Se pasa el día escondido en su madriguera, de donde sale por la noche para cazar. Como es carnívoro, se alimenta esencialmente de pequeños roedores, pero también come fruta, si se da el caso. Cuando tiene hambre, se acerca a los sitios habitados, y no es extraño cruzárselo por algún jardín.

Tiene que mostrarse siempre prudente y desconfiado cuando sale de su madriguera, porque también tiene enemigos: el lobo, el águila real, el búho real y los perros no dudarían ni un momento en atacar a sus crías. ¡Por suerte, son muy astutos y es difícil atraparlos!

EL JABALÍ

- **Distribución**......... Europa y América del Norte.
- **Talla** .... hasta 1,80 m de largo.
- **Peso** .... de 50 a 150 kg.
- **Esperanza de vida** . . de 5 a 6 años aproximadamente.
- **Signo particular** .... toma baños de barro.

El jabalí pertenece a la misma familia que el cerdo. Tiene la nariz larga y unos pelos entre grises y negros muy rígidos, llamados cerdas. Toma baños de barro regularmente y después, cuando el barro está seco, se frota contra los troncos de los árboles para deshacerse de los parásitos que tiene por todo el cuerpo. Si se ensucia ¡es para limpiarse mejor! El jabalí es omnívoro y come todo aquello que encuentra: frutas, raíces, lombrices, setas, pequeños roedores... Recorre largas distancias por la noche, cuando todo está en calma. Es prudente y se inquieta con cualquier ruido.

La hembra del jabalí se llama jabalina, y las crías son los jabatos.

¿QUÉ TIENEN EN COMÚN...

...EL JABALÍ Y EL ELEFANTE?

¡Los dos tienen colmillos! Son muy diferentes, evidentemente, y cada animal tiene su estilo y su propia manera de llevarlos.

EL TEJÓN

- **Distribución** .... Europa y Asia.
- **Talla** .... de 70 a 80 cm de largo.
- **Peso** .... de 8 a 12 kg.
- **Esperanza de vida** .. 14 años como máximo.
- **Signo particular** .... una cabeza blanca adornada con dos franjas negras.

Gracias a las franjas blancas y negras que tiene en el morro, da la impresión de que el tejón lleva una máscara, al estilo del Zorro.

El tejón es omnívoro, lo que significa que come de todo: frutas, raíces, insectos, lombrices... ¡incluso víboras! Sale por la noche a cazar a sus presas y de día permanece protegido y descansa dentro de la madriguera que se ha excavado. Construye largas galerías subterráneas con diferentes bocas para entrar y salir, y también habitaciones que llena de hierbas y de hojas.

Se dice que es un animal escarbador: sus zarpas sólidas y aceradas le permiten excavar fácilmente, incluso en el suelo más duro. Es un animal hospitalario que a veces comparte su madriguera con otros animales, como el zorro o la mofeta.

¿QUÉ TIENEN EN COMÚN...

...EL TEJÓN Y LA MOFETA?

El tejón, como la mofeta, tiene la reputación de no oler muy bien... Tiene unas glándulas odoríferas que excretan una sustancia con la que delimita su territorio. Se frota también con otros miembros de la familia o del clan a fin de transmitirles su olor.

EL CORZO

- **Distribución** . . . . Europa y Asia.
- **Talla** . . . . según el sexo, de 57 a 72 cm de altura en la cruz.
- **Peso** . . . . de 15 a 35 kg.
- **Esperanza de vida** . . de 10 a 15 años.
- **Signo particular** . . . . pierde los cuernos cada año.

Pertenece a la familia de los cérvidos, como los ciervos, los renos o los gamos. Como ellos, tiene cuernos, pero los suyos son relativamente cortos. Cada año los pierde y después le vuelven a crecer. Su pelaje cambia al ritmo de las estaciones. Si es marrón rojizo en verano, se vuelve gris oscuro en invierno. Eso le permite fundirse mejor con el paisaje. ¡La naturaleza está bien hecha!

Es herbívoro y se alimenta de hojas, de grano y de setas. No es extraño ver a los corzos abandonar por un momento los bosques y pasearse por los prados. ¡Presta atención!

¿QUÉ TIENEN EN COMÚN...

...EL CORZO Y LA RANA?

A primera vista, nada de nada... ¡Pero, sí! ¡A los dos les falta una cosa! Se dice que son animales anuros, lo que significa que no tienen cola.

EL CIERVO

- **Distribución** .... Europa, África del Norte y Asia.
- **Talla** .... de 1,60 a 2,60 m de largo, de 1,10 a 1,50 m de altura en la cruz, según la especie.
- **Peso** .... según el tipo de vida y la estación, de 100 a 250 kg.
- **Esperanza de vida** .. 25 años como máximo.
- **Signo particular** .... su berrido.

Es un rumiante y un gran herbívoro que se alimenta sobre todo de hierba, de hojas y también de cortezas, en invierno.

Pierde los cuernos cada año, y cada vez que le crecen de nuevo son un poco más grandes. El color de su pelaje es variable, y pasa del marrón rojizo del verano al gris oscuro del invierno. Vive en grupos que se llaman manadas. Excelente corredor, puede ir a 70 o incluso a 100 kilómetros por hora cuando se siente en peligro.

Durante la época de apareamiento, emite unos gritos impresionantes. Se dice que berrea.
Y algunos ciervos no dudan en absoluto en luchar a golpe de cuerno por los bellos ojos de una cierva.

...EL CIERVO Y LA VACA?
¡Los dos comen en el mismo restaurante! ¡Son rumiantes y se alimentan de hierba!

EL ERIZO

- **Distribución**. . . . . Europa.
- **Talla** . . . . de 25 a 30 cm.
- **Peso** . . . . 1 kg.
- **Esperanza de vida** . . de 7 a 11 años.
- **Signo particular** . . . . las púas sobre el lomo.

¿QUÉ TIENEN EN COMÚN...

...EL ERIZO Y EL TOPO?

¡Los dos son miopes! Si el erizo no ve demasiado bien, su oído, en cambio, está muy desarrollado, y oye el menor ruido. Eso sirve también para su olfato. En cuanto empieza a olisquear, sabe qué animal se esconde por los alrededores.

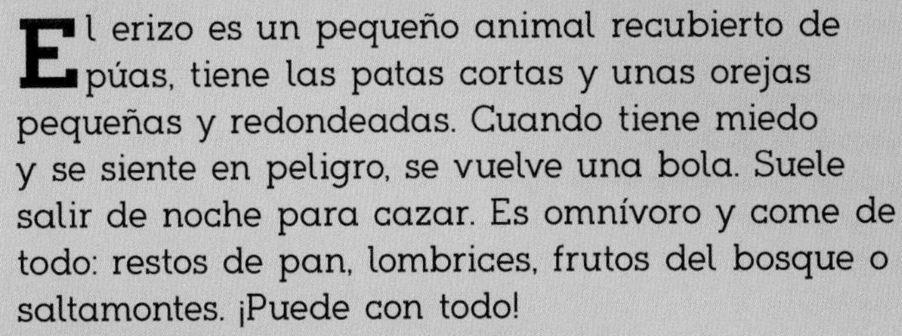

El erizo es un pequeño animal recubierto de púas, tiene las patas cortas y unas orejas pequeñas y redondeadas. Cuando tiene miedo y se siente en peligro, se vuelve una bola. Suele salir de noche para cazar. Es omnívoro y come de todo: restos de pan, lombrices, frutos del bosque o saltamontes. ¡Puede con todo!

Los jardineros lo aprecian porque se come los bichos que causan destrozos en los jardines, como las babosas. En invierno, cuando no hay demasiada comida, hiberna bajo una pila de hojas o de ramas con las que se hace un nido blandito. Volverá a salir cuando regrese el buen tiempo.

En algunos países el erizo es una especie protegida.

LOS ANIMALES DE LA SABANA

EL LEÓN

- **Distribución**. . . . . África y Asia.
- **Talla**. . . . . de 1,70 a 2,50 m de largo.
- **Peso** . . . . de 150 a 250 kg.
- **Esperanza de vida** . . alrededor de 15 años.
- **Signo particular** . . . . tiene como sobrenombre «rey de los animales».

El león es una fiera que se reconoce fácilmente gracias a su melena. No le gusta la soledad y vive en grupo, en compañía de leonas, de crías y también de otros leones.

En el grupo hay siempre un jefe, y es el macho más fuerte de todos quien toma ese papel.

Como buen carnívoro ¡adora comer carne! Que estén atentos los animales pequeños que se cruzan en su camino... ¡El león tiene una mandíbula poderosa y es muy peligroso!

¿QUÉ TIENEN EN COMÚN...

...EL LEÓN Y EL GATO?

¡Muchas cosas! Los dos son felinos, pero el león es un pelín más grande, de hecho, es el segundo felino más grande después del tigre. Además, los dos maúllan, pero solo el león ruge. ¡Grrr!

LA JIRAFA

- **Distribución** . . . . África.
- **Talla** . . . . ¡hasta 6 m de altura!
- **Peso** . . . . según el sexo, de 700 a 1500 kg.
- **Esperanza de vida** . . 26 años en libertad.
- **Signo particular** . . . . una lengua azul.

Gracias a su largo cuello, pero también a sus largas patas, la jirafa puede llegar a medir ¡hasta 6 metros de altura! A pesar de su aspecto larguirucho, forma parte de los mamíferos más pesados.

Es herbívora, pero, como es muy grande, no llega al suelo para comerse la hierba. Por eso se nutre de las hojas de los árboles, y dedica más de 12 horas al día a comer. Prefiere las hojas de la acacia y, después de haber comido bien, ¿se acuesta? No exactamente... Es muy raro que se acueste, porque le es muy complicado volver a levantarse debido a su talla. ¡Suele dormir de pie!

¿QUÉ TIENEN EN COMÚN...

...LA JIRAFA Y EL OSO HORMIGUERO?

Como el oso hormiguero, la jirafa posee una lengua larga y pegajosa que mide alrededor de 50 cm. Así puede rodear las ramas con la lengua y elegir las hojas que más le gustan. ¡Ñam!

EL CHIMPANCÉ

- **Distribución**. . . . . África.
- **Talla** . . . . .de 70 a 160 cm, según el sexo.
- **Peso** . . . . de 40 a 60 kg, según el sexo.
- **Esperanza de vida** . . de 35 a 50 años.
- **Signo particular** . . . . se quitan los piojos.

El pelaje del chimpancé es negro y poco espeso. No tiene pelos en la cara, en las orejas, ni en los dedos.

Para comunicarse, realiza diferentes sonidos y muecas.

Cuando están juntos, es muy frecuente ver a los chimpancés dedicados a una curiosa práctica: ¡quitarse los piojos unos a otros! Cada uno se dedica a hurgar entre el pelaje de los otros y a comerse aquello que encuentra. ¡Sin necesidad de poner la mesa!

Cuando no se come los piojos del pelaje de sus compañeros, se alimenta generalmente de frutas, hojas y grano. Es un animal inteligente y es también muy hábil. Emplea piedras como herramientas o como proyectiles para defenderse.

¿QUÉ TIENEN EN COMÚN...

...EL CHIMPANCÉ Y EL ELEFANTE?

El chimpancé no tiene zarpas. ¡Como el elefante, el chimpancé tiene uñas!

EL RINOCERONTE

- **Distribución**......... África y Asia.
- **Talla** .... 4 m de largo y 2 de altura.
- **Peso** .... hasta 3 toneladas.
- **Esperanza de vida** .. 50 años.
- **Signo particular** .... uno o dos cuernos sobre la nariz.

Tiene una piel muy gruesa y rugosa, gris o marrón. Con sus ojos pequeños, no ve demasiado bien. En cambio, tiene un olfato y un oído muy desarrollados, con los que compensa su mala visión.

Hay diferentes especies: el rinoceronte negro, el rinoceronte blanco o el rinoceronte indio. Algunos tienen un cuerno sobre la nariz, otros tienen dos. Es herbívoro y come principalmente hojas, hierba y ramas.

A pesar de que la sabana es un lugar hostil, el rinoceronte no conoce rival, a parte del ser humano. Es tan fuerte e imponente, que los únicos animales que osan acercársele son los pájaros, que se posan sobre su lomo y le quitan los parásitos que tiene en la piel.

¿QUÉ TIENEN EN COMÚN...

...EL RINOCERONTE Y EL TRÉBOL?

Cuando el rinoceronte camina, deja unas huellas características que se parecen a las hojas del trébol. El rinoceronte posee tres dedos en cada pata.

EL HIPOPÓTAMO

- **Distribución**. . . . . África.
- **Talla** . . . . hasta 4,5 m de largo y 1,5 de altura.
- **Peso** . . . . hasta 3 toneladas.
- **Esperanza de vida** . . 40 años.
- **Signo particular** . . . . animal anfibio.

El hipopótamo es un animal anfibio, es decir, que vive a la vez en la tierra y en el agua. Elige su domicilio cerca de los ríos, de los lagos y de los estanques. Muy grande y fuerte, el hipopótamo es un animal que impone. Después del elefante y el rinoceronte, es el mamífero más grande sobre la Tierra.

Cuando hace calor, se hunde en el agua, y saca las fosas nasales.

Es herbívoro pero, aunque coma hierba, es un animal muy peligroso. Solo hay que observar el tamaño de sus colmillos... ¡Más de 60 centímetros! Pero, ¿para qué tiene una boca tan grande? ¡Es para bostezar mejor!

¿QUÉ TIENEN EN COMÚN...

...EL HIPOPÓTAMO Y LA VACA?

¡Su grito! Los dos mugen.

- **Distribución**. . . . . África y Asia.
- **Talla** . . . . 4 m de altura y 7 de largo.
- **Peso** . . . . más de 5 toneladas.
- **Esperanza de vida** . . de 50 a 70 años.
- **Signo particular** . . . . su trompa.

El elefante es el animal terrestre más grande que existe. Se caracteriza por sus grandes orejas, sus colmillos y, sobre todo, por su trompa, que le sirve para respirar, sentir, comer, beber, tocar, ducharse y, además, para transportar los alimentos u otras cosas. Las crías del elefante usan la trompa para engancharse a su madre. Su piel, gris y plisada, se seca rápidamente y es muy frágil. Numerosos parásitos se alojan en sus pliegues, por eso se salpica a menudo con agua o barro.

Las orejas le permiten oír bien, pero tienen también otra función: le sirven de ventilador y le ayudan a regular la temperatura de su cuerpo. Cuando un elefante tiene demasiado calor, se pone a batir violentamente las orejas, más o menos como lo harías tú con un abanico.

Es herbívoro y se alimenta principalmente de hierba, fruta y cortezas. ¡Llega incluso a arrancar los árboles para comerse las raíces!

EL COCODRILO

- **Distribución**......... África, América, Asia y Australia.
- **Talla** .... más de 7 m.
- **Peso** .... hasta 1 tonelada.
- **Esperanza de vida** . . 70 años.
- **Signo particular** .... las mandíbulas poderosas.

¿QUÉ TIENEN EN COMÚN...

...EL COCODRILO Y EL GATO?

Como los ojos del gato, los ojos del cocodrilo tienen una pupila vertical. Por la noche, son fácilmente visibles por sus ojos amarillos que brillan en la oscuridad.

El cocodrilo es un peligroso reptil que vive en las orillas de los ríos y los arroyos de las regiones tropicales. Su piel, de un gris verdoso, se parece a una coraza formada por numerosas placas pequeñas. Posee un cuerpo pesado y macizo con un morro largo y triangular que, al abrirlo, muestra unas mandíbulas impresionantes, con unos sesenta dientes puntiagudos... Su físico sorprendente nos recuerda a los dinosaurios, y lo cierto es que el cocodrilo parece un animal salido de otra época.

LA GACELA

- **Distribución**. . . . . África y Oriente Medio.
- **Talla** . . . . de 50 a 110 cm de alto y de 80 a 150 de largo.
- **Peso** . . . . de 12 a 60 kg.
- **Esperanza de vida** . . 12 años.
- **Signo particular** . . . . su rapidez.

La gacela es un pequeño antílope que se alimenta principalmente de hojas y de hierba. Cuando se desplaza, da la impresión de ir montada sobre muelles, porque corre velozmente y salta al mismo tiempo. Puede llegar a una velocidad punta de 100 kilómetros por hora. Como vive en regiones muy cálidas, es resistente al calor y a la sequedad, no transpira y no necesita beber mucha agua.

Pero, ¿cómo se las arregla la gacela, tan fina, tan bonita y elegante, para sobrevivir en la sabana, con todos sus depredadores? ¡Es sencillo! Tiene una vista excelente y advierte a los depredadores a distancia. Y, en cuanto los ve... ¡zum! ¡Salta y ya ha desaparecido!

¿QUÉ TIENEN EN COMÚN...

...LA GACELA Y LA CLIMATIZACIÓN?

La gacela posee un sistema de refrigeración integral, un poco a imagen de la climatización. Cuando inspira, el aire enfría su pared nasal, y esta, a su vez, le refrescará la sangre. ¡Práctico!

EL GUEPARDO

- **Distribución** . . . . África, Próximo Oriente y Asia.
- **Talla** . . . . de 1,20 a 1,50 m.
- **Peso** . . . . de 45 a 60 kg.
- **Esperanza de vida** . . 14 años.
- **Signo particular** . . . . . .es el animal más rápido del mundo.

Como el gato, pertenece a la familia de los felinos, pero la comparación se acaba aquí, porque el guepardo no es la clase de animal que se pone a ronronear junto a la chimenea...

Es un carnívoro que se alimenta de varios mamíferos, a los que persigue y da caza a través de la sabana.

El guepardo lo tiene todo para ser un excelente corredor: cuerpo musculoso, largas patas, silueta esbelta... Puede llegar a una velocidad de 110 kilómetros por hora y es el animal más rápido del mundo, pero se cansa pronto.

Su pelaje es dorado con manchas negras. Cuando observas su cara, adviertes dos rayas negras que bajan desde sus ojos hasta el hocico. Parece casi maquillaje. Y, como esta característica le da un aire triste, esas rayas se llaman «líneas lacrimales».

¿QUÉ TIENEN EN COMÚN...

...UN GUEPARDO Y UN AVE?
El grito del guepardo es muy extraño y se parece un poco al piar de los pájaros. Sorprendente, ¿verdad?

LA CEBRA

- **Distribución**. . . . . África.
- **Talla** . . . . de 1,10 a 1,60 m.
- **Peso** . . . . de 175 a 300 kg.
- **Esperanza de vida** . . de 25 a 30 años.
- **Signo particular** . . . . las rayas negras y blancas.

La cebra parece un caballito negro a rayas blancas. Decimos que tiene las rayas blancas porque los científicos han constatado que, dentro del vientre de su madre, la cría es toda negra. Ninguna cebra es igual a otra: todas tienen las rayas diferentes y son como el carnet de identidad o las huellas dactilares.

Viven generalmente en grupo, pero, por muchas que sean, sufren ataques de depredadores. Para defenderse, la cebra huye a toda velocidad, porque puede correr hasta a 60 kilómetros por hora, pero también posee un arma temible: ¡sus pezuñas! Son tan cortantes, que un golpe de pezuña puede desanimar y herir a cualquier atacante.

¿QUÉ TIENEN EN COMÚN...

...LA CEBRA Y EL CABALLO?
Su grito. Como el caballo, la cebra relincha.

LOS ANIMALES DE LA JUNGLA

EL JAGUAR

- **Distribución**......... América Central y América del Sur, en la selva amazónica.
- **Talla**................ 1,5 m de largo.
- **Peso**................ de 90 a 120 kg.
- **Esperanza de vida**.. de 12 a 15 años.
- **Signo particular**.... su pelaje manchado.

Conocido como el rey de la Amazonia, el jaguar es un felino manchado que se parece un poco al leopardo. Como pasa a menudo con los felinos, es un animal solitario que marca su territorio dejando la señal de sus zarpas y orinando en ciertos lugares, lo que significa: «es peligroso entrar...».

De día, descansa a la sombra o nada para refrescarse. Adora el agua, donde come peces y si se presenta la ocasión, no duda en atrapar a una tortuga o incluso a un caimán. Sale a cazar entre la caída de la noche y la salida del sol. Es un carnívoro de mandíbula poderosa y no le dan miedo las presas pequeñas ni las grandes. En todo caso, ya sea dentro o fuera del agua, el jaguar es un cazador excelente.

No tiene un auténtico enemigo, salvo el ser humano. Está en vías de extinción a causa de la deforestación.

¿QUÉ TIENEN EN COMÚN...

...UN JAGUAR Y UN COCHE?
Jaguar es una marca de coches de lujo.

EL GORILA

- **Distribución**. . . . . en África Central, en la selva.
- **Talla** . . . . hasta 2,75 m.
- **Peso** . . . . hasta 275 kg.
- **Esperanza de vida** . . 30 años aproximadamente.
- **Signo particular**. . . . . .después del bonobo, es el ser vivo más parecido al ser humano.

El gorila es el simio más grande que vive actualmente en el mundo. Tiene el cuerpo muy grande con el pelaje negro, y unos brazos largos y musculosos. Se encuentra en las selvas tropicales de África. El llamado gorila de las montañas ocupa los «bosques en las nubes», a alturas muy elevadas, mientras que el gorila de la llanura vive en las selvas situadas a alturas mucho más bajas.

En el suelo, camina principalmente a cuatro patas, lo que le da un caminar extraño, porque las patas de detrás las tiene más cortas.

Viven en grupo, con un jefe que a menudo es el gorila de más edad, reconocible por su lomo recubierto de pelos grises. Por esta razón se le llama «lomo plateado».

Se alimenta de hierbas, hojas, frutas y plantas que encuentra en la jungla. A veces come también algunos insectos. Puede dormir en los árboles, pero también en el suelo, donde se fabrica una cama de hojas.

¿CONOCES ALGÚN GORILA FAMOSO?

Seguramente conoces a King Kong, el famoso gorila gigante que se encuentra en la azotea de un rascacielos de Nueva York y tiene que soportar los ataques de los aviones mientras protege a una joven a la que guarda en su mano.

EL TUCÁN

- **Distribución** . . . . en las selvas tropicales de América y del sudeste asiático.
- **Talla** . . . . de 33 a 55 cm, según la especie.
- **Peso** . . . . de 130 a 550 g, según la especie.
- **Esperanza de vida** . . de 15 a 20 años.
- **Signo particular** . . . . un pico enorme.

El tucán es un ave que se distingue por su plumaje y por su gran pico de colores brillantes: rojo, negro, verde, amarillo, blanco, naranja... ¡Él solo es un auténtico arco iris! Su enorme pico tiene un papel muy importante, porque le permite regular su temperatura.

Se alimenta de frutas y grano, pero también de insectos y, a veces, de lagartos pequeños.

¿QUÉ TIENEN EN COMÚN...

...UN TUCÁN Y UN SIMIO?

Como el simio, el tucán es muy ágil y puede saltar de rama en rama por los árboles.

EL PEREZOSO

- **Distribución**......... en las selvas húmedas de América Central y América del Sur.
- **Talla** .... de 50 a 60 cm.
- **Peso** .... de 4 a 8 kg.
- **Esperanza de vida** .. de 30 a 40 años.
- **Signo particular** .... duerme casi todo el tiempo.

Tiene una cabeza redondeada un poco extraña, una mirada graciosa, porque es miope, y unas zarpas muy largas al final de unos brazos inmensos que le permiten colgarse de los árboles. Está a menudo suspendido de las ramas, cabeza abajo. Si se llama perezoso, es por una buena razón: duerme casi todo el tiempo y, cuando se desplaza, lo hace siempre muy lentamente. Nunca tiene prisa: recorre menos de diez metros en un minuto.

Se alimenta de hojas, de flores y también de frutas que encuentra en los árboles.

¡Es un animal solitario que raramente desciende de su árbol!

LA BOA

- **Distribución** . . . . sobre todo en América, en los bosques tropicales, pero también en la sabana.
- **Talla** . . . . de 2 a 3 m.
- **Peso** . . . . sobre los 15 kg.
- **Esperanza de vida** . . de 20 a 40 años.
- **Signo particular** . . . . serpiente constrictora.

La boa es una serpiente constrictora: no utiliza el veneno para matar a sus víctimas como otras serpientes, sino que las ahoga. Es un animal carnívoro que se nutre de roedores, pájaros y lagartos. Tiene una manera muy particular de comer: engulle directamente, sin masticar. ¡Ñam! No necesita comer mucho para vivir y puede pasar varios meses sin alimentarse.

Cuando descansa, se enrolla y se instala bajo las raíces o al pie de un árbol.

Cambia de piel de cuatro a seis veces al año. A eso se le llama «muda». Su piel muerta, llamada «camisa», se desprende entonces de su cuerpo y cae, dejando ver la nueva piel.

¿QUÉ TIENEN EN COMÚN...

...LA BOA Y LA ORUGA?

La boa no se desplaza por ondulaciones laterales, como las otras serpientes, sino como las orugas. Como es muy grande, hace avanzar las partes de su cuerpo una detrás de otra. Las huellas que deja se parecen a las de una cuerda gruesa que alguien ha arrastrado por el suelo.

EL CAMALEÓN

- **Distribución**. . . . . África, sudeste de Europa, Oriente Medio.
- **Talla** . . . . de los 3 cm del camaleón enano a los 70 del camaleón gigante.
- **Peso** . . . . muy variable, según la talla.
- **Esperanza de vida** . . de 2 a 8 años.
- **Signo particular** . . . . cambia de color.

El camaleón es un reptil arborícola que vive en los árboles. Su piel está completamente recubierta de escamas, que le permiten cambiar de color, pero no para fundirse con el paisaje, sino que es su manera de comunicarse. Frente a un rival, puede ponerse negro de cólera; cuando tiene miedo, se vuelve pálido. Del mismo modo, ¡adoptará un color muy visible para seducir a una hembra camaleón y estar seguro de que ella le ve bien!

Lleva una vida muy rutinaria. Elige un árbol para vivir, donde descansa por las noches. De día, baja del árbol para cazar y calentarse al sol, y después vuelve a subirse al árbol.

El camaleón es insectívoro y se alimenta de moscas, avispas, abejas y también arañas, que captura con su larga lengua que saca y vuelve a guardar bruscamente. ¡Ñam!

¿QUÉ TIENEN EN COMÚN...

...EL CAMALEÓN Y EL LAGARTO?
¡Son primos!

LA COBRA

- **Distribución**. . . . . África y Asia.
- **Talla** . . . . de 2 a 3 m, y hasta 5 para la cobra real.
- **Peso** . . . . hasta 10 kg.
- **Esperanza de vida** . . 20 años.
- **Signo particular** . . . . serpiente venenosa.

La cobra es una serpiente venenosa. Su veneno es muy tóxico, porque paraliza los músculos y puede llegar a provocar la muerte.

Es fácilmente reconocible por su cabeza en forma de capuchón, se desplaza por el suelo mediante ondulaciones laterales y, como todas las serpientes, es sorda, pero tiene una vista excelente.

Hay diferentes especies de cobra. La cobra real es la más grande de todas: ¡puede medir más de cinco metros y pesar hasta diez kilos! La cobra india es otra especie. Existe también la cobra escupidora, que, como su nombre indica, escupe el veneno, a veces hasta a dos metros de distancia. ¡Sálvese quien pueda!

La cobra come de todo: ranas, roedores y también otras serpientes.

PERO, SI LA COBRA ES SORDA, ¿POR QUÉ SE ENDEREZA COMO SI BAILARA FRENTE AL ENCANTADOR DE SERPIENTES?

La cobra no reacciona al sonido, porque no lo oye, sino a las vibraciones que provoca el encantador de serpientes al golpear el suelo con el pie al ritmo de la música. La serpiente reacciona también al observar los movimientos de la flauta. Es decir, que la cobra no baila, sino que se coloca en posición de defensa.

EL PAPAGAYO

Es conocido por su magnífico plumaje multicolor y por su pico ganchudo con el que puede romper los granos, las frutas y los frutos secos de los que se alimenta. Cuando come, se ayuda también de las patas como lo haces tú para masticar una fruta que te llevas a la boca con la mano.

Les gusta vivir en grupo, pero no tienen jefe. Las parejas que forman son duraderas, porque son muy fieles.

Cuando se sienten en peligro o tienen miedo de algo, los papagayos lanzan unos gritos estridentes, generalmente coreados por el resto del grupo. Esta táctica puede tener un efecto disuasorio sobre el depredador, que no sabe muy bien dónde se encuentra con todos esos gritos que resuenan por la jungla.

- **Distribución**......... en las regiones tropicales de Asia, África, América y Oceanía.
- **Talla** .... de 20 a 100 cm, según la especie.
- **Peso** .... de 120 a 1500 g, según la especie.
- **Esperanza de vida** .. de 20 a 60 años, según la especie.
- **Signo particular** .... un increíble talento para la imitación.

¿QUÉ TIENEN EN COMÚN...

...UN PAPAGAYO Y UN IMITADOR?
El papagayo es un imitador muy bueno. Es capaz de imitar las voces y de repetir las palabras que le enseñan.

LOS ANIMALES DOMÉSTICOS

EL GATO

- **Distribución**. . . . . en el mundo entero.
- **Talla** . . . . 45 cm de altura.
- **Peso** . . . . de 2,50 a 9 kg, según la raza.
- **Esperanza de vida** . . de 12 a 18 años.
- **Signo particular** . . . . su independencia.

Es un animal carnívoro y aunque le des pienso en casa, no dudará, en cuanto esté fuera, en lanzarse contra los ratones o los pájaros.

Emite diferentes sonidos: puede ronronear cuando está contento, maullar para comunicarse, y también gruñir cuando algo no funciona o cuando está enfadado. ¡Ojo, que no te arañe! El gato posee zarpas retráctiles, lo que significa que puede sacarlas y volver a guardarlas cuando quiera.

Existen diferentes razas de gatos. El siamés se reconoce por su cabeza muy fina. El gato persa está cubierto de largos pelos. Por lo que respecta al cartujo, es gris azulado con los ojos de color naranja.

¿QUÉ TIENEN EN COMÚN...

...UN GATO Y UN PEREZOSO?

Como el perezoso, al gato le gusta dormir. ¡Un cachorro de gato puede dormir hasta 16 horas al día!

¿QUIÉN TIENE MÁS HUESOS, EL HUMANO O EL GATO?

El gato tiene 250 huesos, ¡mientras que el hombre tiene 206!

EL PERRO

- **Distribución**. . . . . en el mundo entero.
- **Talla** . . . . muy variable, según la raza, desde algunos centímetros hasta más de un metro.
- **Peso** . . . . muy variable, según la raza, de 500 g a más de 80 kg.
- **Esperanza de vida** . . muy variable, de 8 a 20 años.
- **Signo particular** . . . . un olfato muy desarrollado.

Algunos perros tienen el pelo largo, otros lo tienen corto, unos son enormes y otros diminutos. ¡Hay más de 300 razas de perros! Entre los grandes se encuentra el San Bernardo, un perro de montaña utilizado a menudo para buscar a personas enterradas por aludes de nieve. Entre los medianos se encuentra el caniche, con unos pelos rizados que necesitan un mantenimiento regular. Y entre los diminutos se encuentra el famoso Chihuahua, que es el perro más pequeño del mundo y también uno de los más ligeros, ¡porque no pesa más de quinientos gramos! El perro tiene un lenguaje propio para comunicarse: sus ladridos. Si tiene miedo, bajará instintivamente las orejas y cuando mueve la cola, significa que está contento.

¿QUÉ TIENEN EN COMÚN...

...EL PERRO, EL LOBO Y EL ZORRO?

Los tres pertenecen a la misma familia: ¡la familia de los cánidos!

EL RATÓN

- **Distribución** . . . . en el mundo entero.
- **Talla** . . . . de 15 a 20 cm, contando la cola.
- **Peso** . . . . de 10 a 50 g.
- **Esperanza de vida** . . de 2 a 3 años.
- **Signo particular** . . . . una cola que tiene prácticamente la misma longitud que su cuerpo.

El ratón es un roedor de tamaño pequeño y morro puntiagudo con el cuerpo recubierto de pelos, grises o blancos, que acaba en una larga cola. Como se esconde y duerme durante el día, se activa por la noche. Es muy miedoso. ¡Tiene que estar siempre atento, porque tiene enemigos! Los gatos, pero también los zorros y las serpientes, salivan cuando le ven.

Es omnívoro y es muy tragón: come todo lo que encuentra, incluso cartones o papeles. No debería de comer tanto, porque tiene una desafortunada tendencia a la obesidad. Pero no es culpa suya... Los dientes del ratón, como los de todos los roedores, continúan creciendo a lo largo de toda su vida. Es por ello que deben desgastarlos royendo y, por lo tanto, comiendo.

Al nacer, las crías del ratón no tienen pelo y son ciegas.

¿CONOCES RATONES FAMOSOS?

Mickey Mouse y Minnie Mouse; Jerry, de Tom y Jerry; los pequeños ratones costureros de la Cenicienta... Pero también el ratón más famoso de todos, ¡el que se lleva los dientes y te deja a cambio una moneda bajo la almohada!

EL HÁMSTER

- **Distribución**. . . . . en el mundo entero.
- **Talla** . . . . de 25 a 35 cm.
- **Peso** . . . . de 100 a 500 g.
- **Esperanza de vida** . . de 1 a 3 años.
- **Signo particular** . . . . las bolsas dentro de las mejillas, llamadas sacos bucales.

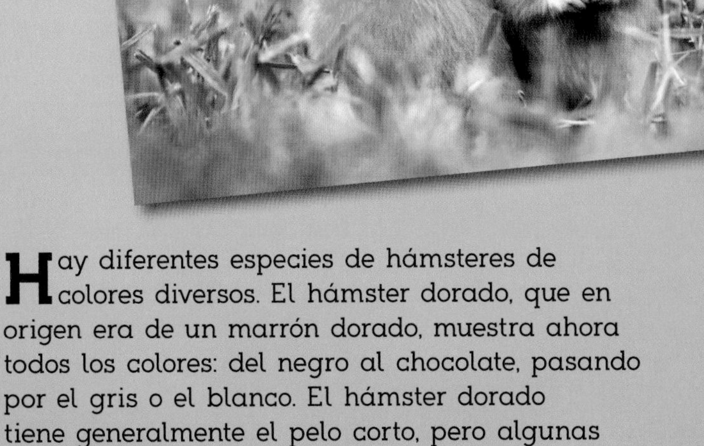

Hay diferentes especies de hámsteres de colores diversos. El hámster dorado, que en origen era de un marrón dorado, muestra ahora todos los colores: del negro al chocolate, pasando por el gris o el blanco. El hámster dorado tiene generalmente el pelo corto, pero algunas variedades lo tienen largo, como los conocidos como hámsteres de Angora.

Tiene una particularidad en las mejillas: posee una especie de bolsillos en el interior, que se llaman sacos bucales y que le sirven para transportar la comida. Como son extensibles, pueden hacerse realmente enormes si coge mucha comida para tener reservas.

De día descansa; por la noche, cuando todo el mundo duerme, se despierta. No le gusta demasiado que le toquen y le acaricien y no se deja domesticar fácilmente.

¿QUÉ TIENEN EN COMÚN...

...EL HÁMSTER Y EL CONEJO?

Igual que hay conejos de Angora, hay hámsteres de Angora. ¡Son adorables!

EL CONEJILLO DE INDIAS

- **Distribución**. . . . . en el mundo entero.
- **Talla** . . . . de 20 a 40 cm.
- **Peso** . . . . de 700 g a 1 kg.
- **Esperanza de vida** . . de 4 a 8 años.
- **Signo particular** . . . . un animal pequeño que sabe hacerse oír...

Es un animal sensible y miedoso con el corazón frágil.

Al contrario que el hámster, que vive de noche, el conejillo de Indias está activo durante la jornada, aunque descansa un poco de vez en cuando.

Es herbívoro y es muy sociable, ya que aprecia la compañía de otros conejillos de Indias. Es raro que arañe o muerda a quien cuida de él.

Es un animal bastante ruidoso que dispone de un amplio abanico de sonidos según su humor. Chilla de manera diferente si tiene miedo, si está contento cuando le acarician, si busca seducir... ¡Puede silbar, chillar e incluso piar!

PERO ¿POR QUÉ UN CONEJILLO DE INDIAS, QUE NO ES UN CONEJO Y QUE NO PROCEDE DE LA INDIA, SE LLAMA ASÍ?

El conejillo de Indias fue descubierto en América del Sur por los exploradores españoles. En aquella época, Colón acababa de descubrir América, pero creía que se trataba de la India. Como este animalito se criaba como un conejo, le llamaron «conejillo», y como pensaban que aquello era la India, lo bautizaron como «conejillo de Indias».

EL PERIQUITO

- **Distribución**......... en el mundo entero.
- **Talla** .... de 18 a 50 cm, según la especie.
- **Peso** .... de 30 a 140 g, según la especie.
- **Esperanza de vida** .. de 10 a 20 años.
- **Signo particular** .... un don para la palabra.

Hay más de 70 especies de periquito de colores diversos y variados: verdes, azules, amarillos, malvas, grises... pero todas las especies tienen algo en común: ¡su elegancia, sea cual sea su color!

El periquito es un ave que gusta de la compañía de los otros periquitos, faltaría más, pero también aprecia a alguien que le hable y que se ocupe de él. Algunos juguetes, como un pequeño columpio, una bañera, o un espejo, les gustan particularmente.

El periquito se alimenta de grano y de frutas y sus crías nacen ciegas y sin plumas.

Para dormir, tiene su propia técnica: se alborota las plumas, se planta sobre una pata, esconde la cabeza bajo las plumas y... ¡buenas noches!

¿QUÉ TIENEN EN COMÚN...

...UN PERIQUITO Y UNA COTORRA?

Como las cotorras, los periquitos pueden también pronunciar algunas palabras. ¡A fuerza de entrenamiento y paciencia, es posible!

EL CONEJO

- **Distribución**......... ¡por todo el mundo, incluso en el desierto!
- **Talla** .... 50 cm de media.
- **Peso** .... de los 800 g de las razas enanas hasta los más de 5 kg de ciertos conejos gigantes.
- **Esperanza de vida** .. de 8 a 10 años.
- **Signo particular** .... las largas orejas y el pequeño hocico que mueve sin parar.

Existen numerosas razas de conejos, desde conejos enanos hasta gigantes.

Tiene unas orejas largas, el pelo suave, una cola pequeña y frondosa y un hocico que mueve constantemente. Negro, blanco, gris, marrón... el conejo puede ser de diferentes colores. Es herbívoro y se alimenta de zanahorias, de lechuga y de hierba del campo. Bebe mucho ¡hasta 4 litros de agua al día!

Es un animal miedoso al que no le gusta el ruido, y detesta ser sorprendido. Vive generalmente en un conejar, pero también puede estar en libertad si el jardín o el prado tiene una cerca lo bastante alta, ya que el conejo puede saltar, y lo bastante profunda, ya que puede excavar para escaparse.

Las crías de los conejos se llaman gazapos.

¿QUÉ TIENEN EN COMÚN...

...EL CONEJO Y EL CABALLO?

Como para los caballos, hay concursos de salto de obstáculos para conejos en Escandinavia, Alemania, el Reino Unido y los Estados Unidos.

EL PEZ ROJO

- **Distribución** . . . . en los acuarios del mundo entero, en los lagos y en los estanques.
- **Talla** . . . . hasta 30 cm.
- **Peso** . . . . como máximo, 1 kg.
- **Esperanza de vida** . . 30 años.
- **Signo particular** . . . . solamente puede vivir en agua dulce.

Es un pez de agua dulce, conocido también como carpa dorada. Es omnívoro, muy comilón, tanto, que a veces come demasiado y se pone enfermo. ¡Por suerte para él es un pez muy resistente!

Aunque lo llamemos rojo o dorado, puede ser de diferentes colores.

Es un pez fácil de cuidar, pero para que sea feliz como un pez en el agua, necesita un volumen de agua suficiente para nadar. Las peceras pequeñas y redondas no son adecuadas para él. Se encuentra un poco apretado.

¿QUÉ TIENEN EN COMÚN...

...UN PEZ ROJO Y UN ELEFANTE?

¡La memoria! Las dos expresiones, «tener una memoria de elefante» y «tener una memoria de pez», existen, pero no quieren decir lo mismo.

Los elefantes tienen fama de tener una memoria excelente. Si tienes memoria de pez, en cambio, quiere decir que no tienes nada de memoria.

LOS ANIMALES DEL FRÍO INTENSO

EL PINGÜINO

- **Distribución** . . . . hemisferio sur.
- **Talla** . . . . hasta 122 cm para el pingüino emperador.
- **Peso** . . . . de 20 a 40 kg, según la especie.
- **Esperanza de vida** . . de 15 a 20 años, aproximadamente.
- **Signo particular** . . . . un ave marina incapaz de volar.

El pingüino es un ave negra y blanca que no sabe volar, pero camina bamboleándose y es un excelente nadador. El agua, incluso la más helada, no le da ningún miedo. ¡Es un formidable buceador! Se zambulle regularmente hasta los cuarenta metros y, de vez en cuando, ¡puede bajar hasta cuatrocientos metros de profundidad!

Existen muchas especies diferentes: el pingüino emperador es el más grande y se distingue de los otros por las manchas amarillas en la cabeza, en el pico y también en el cuello. El pingüino real es un poco más pequeño que él.

Se alimenta de peces, naturalmente, pero también, y sobre todo, de kril antártico, una especie de gambas diminutas.

Los pingüinos viven en colonias inmensas, a veces formadas por miles de individuos. Pese a su gran número, las parejas de pingüinos se encuentran fácilmente y se reconocen por sus gritos.

¿QUÉ TIENEN EN COMÚN...

...UN PINGÜINO Y UN PATO?

Se trata de su voz. El pingüino, como el pato, grazna. También se dice que el pingüino pía.

LA FOCA

- **Distribución**......... en las aguas templadas y subárticas.
- **Talla** .... de 1 a 6 m de largo, según la especie.
- **Peso** .... de 60 a 500 kg, según la especie.
- **Esperanza de vida** . . de 25 a 35 años, según la especie.
- **Signo particular** .... un animal anfibio.

¿QUÉ TIENEN EN COMÚN...

...LA FOCA Y LA OVEJA?
Su grito. Se dice que la foca bala. Pero también puede gruñir, como el oso, y rugir, ¡como el león!

La foca es un mamífero marino que se alimenta de peces, pero también de crustáceos y moluscos. ¡Necesita aproximadamente dos kilos de comida al día!

Es un animal anfibio, lo que significa que vive a la vez dentro y fuera del agua. Es muy buena nadadora y no tiene nunca frío en el agua helada gracias a su espesa capa de grasa. Cuando debe desplazarse por tierra firme, tiene un aire torpe.

Su tamaño varía según la especie. La foca gris puede llegar a los cuatro metros de longitud y quinientos kilos de peso. ¡Qué bestia!

LA MORSA

- **Distribución**. . . . . océano Ártico, Norte del Atlántico, Norte del Pacífico.
- **Talla** . . . . de 2,50 a 3 m para ciertos machos.
- **Peso** . . . . de 400 kg a más de una tonelada para ciertos machos.
- **Esperanza de vida** . . alrededor de 40 años.
- **Signo particular** . . . . sus impresionantes colmillos.

Con el cuerpo macizo, el cuello grueso, los colmillos, el bigote y la cabeza pequeña, la morsa tiene el aspecto de un animal prehistórico. Bajo la piel oscura y toda arrugada, una espesa capa de grasa la protege del frío.

Viven en grupos y son muy solidarias entre ellas. Cuando una de ellas se encuentra en peligro, emite un silbido muy particular y, rápidamente, todas las demás acuden a prestarle ayuda.

¿QUÉ TIENEN EN COMÚN...

...LA MORSA Y EL ELEFANTE?

Como el elefante, la morsa también posee colmillos. ¡Y qué colmillos! ¡Pueden medir hasta un metro, en el caso de los machos! Les resultan muy útiles. Son unas armas temibles, pero les sirven también de apoyo para salir del agua o para buscar el alimento en el fango.

EL OSO BLANCO

- **Distribución**......... en las regiones árticas.
- **Talla** .... de 2 a 3 m, según el sexo.
- **Peso** .... de 200 a 800 kg, según el sexo.
- **Esperanza de vida** .. de 20 a 25 años, de media.
- **Signo particular** .... un espeso pelaje blanco que le protege del frío.

El oso blanco, llamado también oso polar, es un peligroso mamífero que vive en la banquisa. Soporta bien el frío gracias a su espesa capa de grasa y a su denso pelaje blanco, que también le permite disimular fácilmente su presencia en el hielo. Cuando las temperaturas suben demasiado, las soporta mal. A partir de 10 grados, sufre enormemente por el calor.

Cuando camina sobre la banquisa, no se resbala gracias a unas ventosas pequeñas que tiene en las patas. Como el hielo es frágil, el oso es muy prudente y siempre reparte bien su peso entre las cuatro patas.

Es un animal solitario que se alimenta de peces, pero también, y sobre todo, de focas, que le encantan.

Durante el invierno, se excava una guarida en el hielo, como un iglú. Es allí donde la hembra dará a luz a sus cachorros, y es allí donde vivirán mientras sean pequeños.

¿QUÉ TIENEN EN COMÚN...

...UN OSO BLANCO Y UN RADAR?
Como el radar, el oso blanco puede determinar la posición de una foca a muchos kilómetros de distancia, solo percibiendo su olor. Impresionante, ¿no?

LA ORCA

- **Distribución**......... en todos los océanos.
- **Talla** .... de 6 a 9 m de largo.
- **Peso** .... hasta 9 toneladas.
- **Esperanza de vida** .. 35 años de media, pero a veces hasta los 80 años.
- **Signo particular** .... una aleta dorsal.

La orca es un mamífero marino de lomo negro y vientre blanco, con una mancha blanca característica al lado del ojo. Su tamaño es impresionante, porque puede medir de seis a nueve metros de largo y posee una aleta dorsal que puede llegar, en los machos, a los dos metros de altura.

Nada en grupos pequeños con sus congéneres y puede llegar a los 60 kilómetros por hora, porque es muy musculosa.

Tiene un mote muy revelador: la llaman la «ballena asesina». Y lo cierto es que siembra el terror en los océanos. Peces, focas, aves marinas e incluso pingüinos ¡nada le da miedo, todo lo devora con entusiasmo!

¿QUÉ TIENEN EN COMÚN...

...UNA ORCA Y UN HUEVO DURO?

La piel de la orca parece pulida, blanda y elástica, dando la impresión de que tiene la consistencia de un huevo duro.

EL RENO

- **Distribución** . . . . en las regiones árticas y subárticas de Europa, Asia y América del Norte.
- **Talla** . . . . alrededor de 1,30 m.
- **Peso** . . . . hasta 300 kg.
- **Esperanza de vida** . . de 12 a 15 años.
- **Signo particular** . . . . la cornamenta que tiene en la cabeza.

Es un cérvido de pelaje gris o marrón con una cornamenta que le cae y le vuelve a crecer cada año. Es un animal robusto, habituado a los rigores del invierno. Sus grandes pezuñas están perfectamente adaptadas para marchar por la nieve y le evitan resbalarse y hundirse demasiado.

El reno se alimenta de hojas, hierbas y cortezas. Para encontrar su alimento, efectúa grandes migraciones, se desplaza en grupo y puede recorrer miles de kilómetros.

¿QUÉ TIENEN EN COMÚN...

...EL RENO Y EL CARIBÚ?
Se trata del mismo animal. Caribú es el nombre que le dan al reno en Canadá.

EL LOBO ÁRTICO

- **Distribución**. . . . . en las regiones frías del norte de Canadá, en Alaska y en Groenlandia.
- **Talla** . . . . de 65 a 80 cm de altura.
- **Peso** . . . . alrededor de 45 kg.
- **Esperanza de vida** . . de 10 a 15 años aproximadamente.
- **Signo particular** . . . . un pelaje blanco como la nieve.

El lobo ártico está habituado a condiciones climáticas muy duras: puede soportar temperaturas glaciales, que descienden a veces a los 50 grados bajo cero, vientos muy violentos, muchos meses de oscuridad, ¡y semanas enteras sin alimento!

Como los demás lobos, vive en manada. Gracias a su oído y a su olfato, que tiene muy desarrollados, es un cazador excelente. Se alimenta principalmente de roedores y de liebres; sin embargo, si caza en grupo, puede atrapar a veces un reno o un buey almizclero.

Para encontrarse los unos a los otros en las grandes extensiones blancas, el lobo ártico no duda en dejar marcas.

¿QUÉ TIENEN EN COMÚN...

...EL LOBO ÁRTICO Y EL OSO POLAR?
Como el oso polar, el lobo ártico posee un magnífico pelaje de un color que le permite camuflarse en el paisaje nevado.

EL ELEFANTE MARINO

- **Distribución**......... al este del océano Pacífico y hasta Alaska, en el caso del elefante marino del Norte, y en el Antártico, al sur de los continentes, para el elefante marino del Sur.
- **Talla**................ hasta 6 metros de largo.
- **Peso** .... ¡hasta más de 3 toneladas y media!
- **Esperanza de vida** .. alrededor de 20 años.
- **Signo particular** .... una corta trompa.

El elefante marino es una gran foca. Si se llama así es porque el macho tiene una nariz en forma de trompa pequeña, parecida a la del elefante, que le crece a lo largo de toda su vida.

Se distingue entre el elefante marino del Sur, que vive en los mares australes subantárticos, y el elefante marino del Norte, que se encuentra en la costa pacífica norteamericana.

Tiene una piel gris o marrón bajo la que se esconde una espesa capa de grasa, destinada a protegerlo del frío. Cuando envejece, su piel se decolora, y deja ver las numerosas cicatrices que ha ido acumulando en los combates a los que los machos se entregan a veces entre ellos.

El elefante marino se alimenta de peces, de calamares, de pingüinos, de marsopas, ¡e incluso de tiburones pequeños!

¿QUÉ TIENEN EN COMÚN...

...EL ELEFANTE MARINO Y UN BUCEADOR?

El elefante marino es un buceador notable, capaz de efectuar inmersiones sin respirar a más de 1800 metros de profundidad. Pasa la mayor parte de su existencia bajo el agua.

LOS ANIMALES DE LA GRANJA

LA GALLINA

- **Distribución**......... prácticamente por todas partes, excepto en los círculos polares.
- **Talla** .... alrededor de 50 cm.
- **Peso** .... de 2,50 a 5 kg, según la variedad.
- **Esperanza de vida** .. alrededor de 12 años.
- **Signo particular** .... pone huevos de los cuales, a veces, nacen pollitos.

La gallina vive generalmente en un gallinero. Se alimenta de grano, pero también de lombrices y de insectos. De día, se pasea por el corral y de noche, duerme. Es lo mejor para ella, ¡porque no ve nada por la noche!

Normalmente pone un huevo al día, o cada dos días. Según va envejeciendo, cada vez pone menos huevos.

Emite diferentes sonidos en función de su actividad. Cuando pone, cloquea, y cuando se comunica con las otras gallinas, cacarea.

Hay diferentes clases de gallinas: las ponedoras, criadas por sus huevos; las de carne, criadas por su carne; pero también las ornamentales, que no son aprovechadas para la alimentación y, a veces, son animales de compañía. Pueden ser blancas, grises, negras o rojas. Y, naturalmente, existe otra variedad de gallinas muy apreciada... ¡las que ponen huevos de oro! ¡Pero esa es otra historia!

¿QUÉ TIENEN EN COMÚN...

...LA GALLINA Y LA YEGUA?

La cría de la gallina, el pollito, es como la cría de la yegua, el potro. Los dos son nidífugos. Es decir, que, en cuanto nacen, se desplazan casi como un adulto. ¡El potro se pone pronto de pie para caminar y el pollito hace el mismo!

EL GALLO

• **Distribución**	casi por todas partes, excepto en los círculos polares.
• **Talla**	alrededor de 50 cm.
• **Peso**	de 3 a más de 5 kg, según la variedad.
• **Esperanza de vida**	unos 12 años.
• **Signo particular**	su quiquiriquí matinal.

El gallo es famoso por su canto, que despierta a todo el corral y, a veces, también al vecindario, en cuanto sale el sol: ¡quiquiriquí! Pero no lanza su grito solo por la mañana, canta también en caso de peligro, para advertir a las gallinas. Y, si otro gallo se acerca a su corral, manifestará su descontento. ¡Atención, que uno de los dos gallos se arriesga a perder las plumas!

Se distingue de la gallina por su plumaje, de colores más brillantes, y por la gran cresta roja que tiene en la cabeza. Como la gallina, se alimenta de grano, pero también de lombrices, de insectos varios y de hierba.

¿QUÉ TIENEN EN COMÚN...

...«COCORICO», «KIKERIKI» Y «COCK-A-DOODLE-DOO»?

Es el mismo canto, pero en diferentes lenguas. Nuestros gallos hacen «quiquiriquí», pero los gallos franceses hacen «cocorico», los gallos alemanes hacen «kikeriki» y los gallos ingleses hacen «cock-a-doodle-doo».

EL CERDO

- **Distribución** .... Europa, Asia y América del Norte.
- **Talla** .... entre 90 cm y 1,80 m de largo.
- **Peso** .... alrededor de 150 kg.
- **Esperanza de vida** . . 25 años.
- **Signo particular** .... su notable sentido del olfato.

El cerdo se distingue por el color rosa de su piel, por su morro característico y por su cola en tirabuzón. Aunque la piel del cerdo sea espesa, es muy sensible a la fuerza del sol. Es omnívoro, lo que significa que come de todo: cáscaras, verduras, raíces o carne, ¡es muy glotón!

Si el cerdo adora rebozarse en el barro, no es por el placer de estar sucio. ¡No! Lo hace cuando tiene mucho calor, para refrescarse un poco, o cuando le pica la piel.

Hay diferentes clases de cerdos. Algunos son blancos, otros son negros ¡y también los hay manchados! Algunos tienen las orejas caídas, mientras que otros las tienen tiesas sobre la cabeza.

El cerdo vive en una pocilga y su cría se llama lechón.

¿QUÉ TIENEN EN COMÚN...

...UN CERDO Y UN DETECTIVE?

El cerdo puede ser un buen detective. Gracias a su olfato, muy desarrollado, puede oler las trufas escondidas bajo la tierra. ¡Elemental, querido Watson!

LA VACA

- **Distribución** .... en los prados de todo el mundo y en las calles de la India.
- **Talla** .... entre 1 y 1,40 m de altura, según la raza.
- **Peso** .... entre 250 y 900 kg, según la raza.
- **Esperanza de vida** .. de 10 a 20 años.
- **Signo particular** .... animal rumiante.

De día, la vaca pasta en los prados. Es herbívora y vive en grupo. Si el tiempo lo permite, pasa la noche fuera, pero si hace demasiado frío, se vuelve al establo. Se cría por su leche o por su carne. Hay un país donde las vacas se pasean en libertad por las calles: es la India, donde la vaca es considerada un animal sagrado.

Se comunica con su ternero o con las otras vacas mugiendo, pero también muge si tiene hambre.

EL PATO

- **Distribución**. . . . . por todas partes, y en las granjas con estanque o balsa.
- **Talla** . . . . de 50 a 80 cm, según la raza.
- **Peso** . . . . de 3 a 5 kg, según la raza.
- **Esperanza de vida** . . de 6 a 7 años.
- **Signo particular** . . . . las patas palmípedas.

El pato es un ave acuática. Gracias a sus patas palmípedas, nada muy bien. Pero cuando camina sobre tierra firme, esas mismas patas le hacen caminar de un modo extraño. Tiene un grito característico; decimos que grazna. Su pico tiene una forma particular: es plano.

En las granjas se encuentran normalmente dos especies de patos: el pato azulón y el pato criollo. La hembra se llama pata, y la cría es el patito o anadino.

Come grano, pero también pan mojado, hojas de lechuga, pequeños gusanos de balsa o moluscos que encuentra en el fondo del agua. Cuando solo ves sobresalir la parte trasera de su cuerpo, ¡es que ha encontrado algo para comer!

¿CUÁL ES LA DIFERENCIA ENTRE...

...EL PATO DE GRANJA Y EL PATO SALVAJE?

El pato salvaje puede volar mucho más alto que el pato de granja, que generalmente no puede volar, ya sea porque pesa demasiado, ¡o porque el granjero le ha cortado la punta de un ala para estar seguro de que no sale volando y se escapa de la granja!

EL ASNO

- **Distribución** . . . . Europa, América, Asia, África y Australia.
- **Talla** . . . . de 1 a 1,40 m, según la raza.
- **Peso** . . . . de 70 a 450 kg, según la raza.
- **Esperanza de vida** . . 40 años.
- **Signo particular** . . . . sus largas orejas.

El asno se caracteriza por tener las orejas largas, erguidas sobre una cabeza grande, y por sus ojos en forma de almendra, que le dan una mirada dulce. Es conocido por su rebuzno. Es así como se llama su grito cuando hace «¡iiiha, iiiha!». Es de constitución robusta y puede llevar cargas pesadas. Normalmente es gris, pero el vientre y el morro los tiene blancos. El asno tiene fama de ser cabezota, pero, pese a ello, es un animal muy inteligente. Querer obtener algo de él por la fuerza es perder el tiempo. ¡Hay que armarse de paciencia!

La hembra del asno se llama asna, y la cría es el pollino.

¿QUÉ TIENEN EN COMÚN...

...EL ASNO Y EL CABALLO?

¡Son primos!

LA CABRA

- **Distribución**. . . . . por todo el mundo.
- **Talla** . . . . de 80 cm a 1 m.
- **Peso** . . . . de 15 a 80 kg, según la raza.
- **Esperanza de vida** . . 14 años de media.
- **Signo particular** . . . . la barba.

La cabra es un pequeño animal herbívoro, que se distingue generalmente por tener los cuernos arqueados y por su barba. Puede ser de diferentes colores: blanca, beis, marrón o negra.

Su cría se llama cabrito y el macho se llama macho cabrío y es famoso por el olor particular que emana... ¡Un olor muy fuerte! Como la vaca, la cabra produce leche, con la que se fabrican quesos.

Algunas cabras se crían por su leche, otras por su pelaje. Es el caso de la cabra de Angora, cuyos largos pelos son utilizados para confeccionar una lana muy suave: el mohair.

¿QUÉ TIENEN EN COMÚN...

...LA CABRA DOMÉSTICA Y LA CABRA SALVAJE?

Como la cabra salvaje, la cabra doméstica es muy ágil y puede escalar fácilmente por las rocas.

- **Distribución**. . . . . un poco por todo el mundo.
- **Talla** . . . . entre 1 y 1,50 m de largo.
- **Peso** . . . . de 45 a 150 kg, según la raza.
- **Esperanza de vida** . . de 10 a 14 años.
- **Signo particular** . . . . está cubierta de lana.

La oveja está cubierta de unos pelos rizados a los que llamamos lana. Cada año, el pastor esquila a las ovejas cuando llega el buen tiempo. Así les evita pasar demasiado calor y deja tiempo para que el pelo descanse antes del siguiente invierno. La lana esquilada será vendida para fabricar ropa.

La oveja es herbívora, se alimenta de hierba y de heno. Su grito es muy característico: ¡beee, beee! Decimos que bala.

La oveja puede ser blanca, negra ¡e incluso de color chocolate!

Es tranquila y dulce, y también miedosa, le gusta vivir en grupo. Llamamos oveja a la hembra y carnero al macho. La cría es un cordero o cordero lechal.

En verano, vive en los prados. En invierno se queda en el aprisco, es el momento de la cría.

...LA OVEJA Y LA CABRA?

Como la cabra, la oveja produce leche. Con la leche de cabra se fabrican quesos. ¡Y también con la leche de oveja! El roquefort es un queso fabricado a partir de leche de oveja.

LA OCA

- **Distribución**. . . . . por todas las granjas, especialmente en las proximidades de un punto de agua.
- **Talla** . . . . alrededor de 80 cm.
- **Peso** . . . . de 4 a 9 kg, según la raza.
- **Esperanza de vida** . . hasta 8 años.
- **Signo particular** . . . . puede pellizcar.

Con las plumas blancas, el pico de punta y el cuello largo, la oca deambula por el corral con un aire algo altivo. A propósito, es mejor no molestarla ni acercarse a ella si no está de humor, porque no duda en pellizcar muy fuerte con su pico, y puede ser muy agresiva. Como el pato, se alimenta de grano, hierba y pequeños gusanos o de moluscos que busca en el fondo del agua.

Está siempre rodeada de otras ocas porque no soporta la soledad. Hay diferentes clases de ocas, una de ellas, llamada «oca rizada», es conocida por sus plumas blancas, largas y rizadas. Se dice que las ocas graznan.

La oca es la variedad doméstica de los gansos, que también se conocen por el nombre de ánsares.

¿QUÉ TIENEN EN COMÚN...

...UNA OCA Y UN PERRO GUARDIÁN?
Las ocas tienen buena memoria y son muy eficaces para montar guardia. Cuando se presenta un desconocido, empiezan a gritar para avisar y, si el desconocido intenta acercarse, no dudan en pellizcarle con el pico.

EL CABALLO

- **Distribución**......... por todo el mundo.
- **Talla** .... como mínimo, 1,48 m en la cruz, y de media, 1,65 m.
- **Peso** .... de 300 a 500 kg para los caballos de monta, y hasta 1200 kg para los caballos de tiro.
- **Esperanza de vida** .. de 20 a 30 años de media.
- **Signo particular** .... el caballo relincha.

Si antiguamente el caballo era utilizado para los trabajos del campo, y antes de eso, para hacer la guerra, hoy en día es un compañero para el tiempo libre. Alrededor del caballo se han desarrollado muchas disciplinas, como la marcha a caballo, el salto de obstáculos o el volteo.

Puede ser de diferentes colores. Se habla de caballos bayos cuando son amarillentos, o de caballos tordos si tienen el pelaje blanquinegro. Hay un nombre diferente para cada color.

Para alimentarse, el caballo come, entre otras cosas, hierba, heno y cereales; es herbívoro. Las tres velocidades principales del caballo son el paso, el trote y el galope. Cuando está fatigado, es capaz de dormirse ligeramente aunque esté de pie.

La hembra se llama yegua y la cría es el potro. Recién nacido, el potro se levanta y empieza ya a caminar.

¿QUÉ TIENEN EN COMÚN...

...EL CABALLO Y LA CEBRA?

¡Son primos! Sin embargo, al contrario que el caballo, la cebra no ha podido ser nunca domesticada.

LOS INSECTOS

LA MOSCA

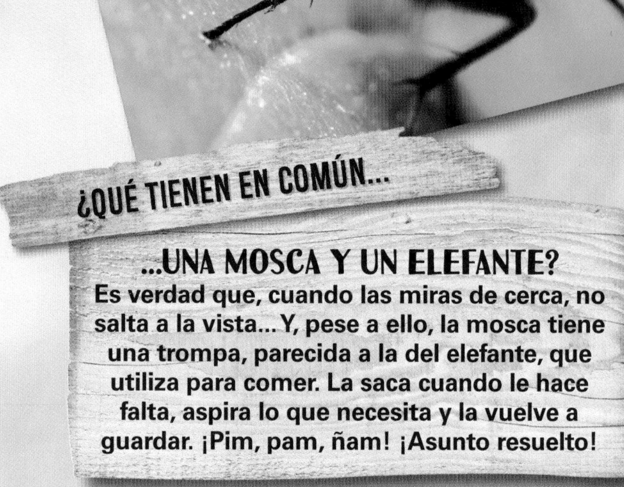

- **Distribución**. . . . . por todo el mundo.
- **Talla** . . . . variable, según la especie. De 5 a 8 mm para la mosca doméstica.
- **Peso** . . . . menos de 1 g.
- **Esperanza de vida** . . sobre 9 días para la mosca doméstica.
- **Signo particular** . . . . su metamorfosis.

La mosca es un insecto «díptero», es decir, que tiene dos alas. Se distinguen numerosas especies de moscas. La más conocida es la mosca doméstica, que encontramos en nuestras casas. ¡Una mosca hembra puede poner hasta 1000 huevos! De estos huevos saldrán las larvas, que se transformarán primero en ninfas y, después, en moscas. Las moscas prefieren poner los huevos en lugares cálidos y húmedos, sobre el estiércol de los caballos, en las boñigas de las vacas o en los cubos de basura. ¡Puaj! Es evidente que la mosca, que tiene un olfato muy desarrollado, no tiene los mismos gustos que nosotros en materia de perfume...

En África, hay que evitar a la temible mosca tsetsé, que transmite con su picadura la enfermedad del sueño.

¿QUÉ TIENEN EN COMÚN...

...UNA MOSCA Y UN ELEFANTE?

Es verdad que, cuando las miras de cerca, no salta a la vista... Y, pese a ello, la mosca tiene una trompa, parecida a la del elefante, que utiliza para comer. La saca cuando le hace falta, aspira lo que necesita y la vuelve a guardar. ¡Pim, pam, ñam! ¡Asunto resuelto!

LA MARIPOSA

- **Distribución**......... variable, según la clase de mariposa.
- **Talla** .... de 3 mm a ¡35 cm en los países cálidos!
- **Peso** .... menos de 1 g las más pequeñas.
- **Esperanza de vida** .. generalmente, 3 días, pero hay excepciones según la variedad de mariposa (alrededor de 2 meses para la monarca).
- **Signo particular** .... las alas recubiertas de escamas de colores.

Antes de convertirse en una bella mariposa, es primero una oruga, que se transformará en crisálida y, después, en mariposa. Para alimentarse, vuela de flor en flor y recolecta el néctar, que aspira mediante su trompa.

Las alas de las mariposas muestran unos colores tan bonitos gracias a las escamas que recubren sus alas. Es la oruga quien crea estos colores a partir del alimento que ingiere. Los colores de ciertas mariposas pueden evolucionar también en función de la luz.

También hay mariposas mucho menos coloridas, como las mariposas nocturnas, que son sobre todo grises, blancas o marrones. Ello les permite camuflarse mejor durante el día, mientras descansan. Son confundidas a menudo con una hoja o un trozo de madera.

¿SABES CUÁLES SON LOS ENEMIGOS JURADOS DE LAS MARIPOSAS?

Los pájaros, las ranas, las arañas, ¡pero también los niños que las persiguen con un cazamariposas! El agua representa también un peligro porque, con las alas mojadas, la mariposa no puede levantar el vuelo.

LA LIBÉLULA

- **Distribución**. . . . . en todos los continentes.
- **Talla** . . . . de 20 mm a 20 cm para ciertas especies tropicales.
- **Peso** . . . . algunos gramos.
- **Esperanza de vida** . . según las especies, desde algunos días hasta algunos meses.
- **Signo particular** . . . . la muda.

La libélula es reconocible por su cuerpo alargado, por sus cuatro alas más finas que una hoja de papel y por sus grandes ojos. La encontramos cerca de los cursos de agua, de las balsas o de los estanques. Se alimenta de insectos, y especialmente de mosquitos, que atrapa al vuelo. ¡Hop!

La hembra pone los huevos dentro del agua o encima de las plantas acuáticas. Cuando los huevos eclosionan, salen las larvas, que vivirán algunos años dentro del agua y después, efectuarán muchas mudas. Después de la última muda, se posará en el tallo de una flor y se transformará, como por arte de magia, en una espléndida libélula. Para hacerlo, tendrá que salirse de la antigua piel de larva, que quedará sobre la flor o la planta.

Entre las diferentes especies de libélula, hay una que lleva el bonito nombre de «libélula esmeralda». ¿Sabes por qué? Le dieron este nombre por sus grandes ojos, que son de un magnífico verde esmeralda brillante.

LA ABEJA

- **Distribución** . . . . en todos los continentes.
- **Talla** . . . . de 9 a 15 mm, según la especie.
- **Peso** . . . . menos de 1 g.
- **Esperanza de vida** . . de las 6 semanas de una abeja obrera hasta los 5 años de una reina.
- **Signo particular** . . . . la abeja fabrica la miel.

Viven en las colmenas y, en función de su especialidad, las abejas tienen un nombre diferente. Están las abejas obreras, que trabajan y no ponen huevos, los zánganos, que son las abejas macho, y la reina, que es la única que pone huevos. Ella es la madre de todas las abejas de la colmena. Y no es sorprendente que el zumbido suene tan fuerte dentro de la colmena ¡porque son millares!

En invierno no se ven abejas, duermen tranquilamente en la colmena esperando a que vuelva la primavera. Con el buen tiempo, salen y liban las flores para fabricar la miel. La abeja recupera el néctar de las flores y se llena con él el buche, una especie de bolsillo que tiene en el abdomen y que le sirve de despensa. Al volver a la colmena, descargará el néctar, que enseguida se transformará en miel.

¿LAS ABEJAS SE COMUNICAN ENTRE ELLAS?

¡Sí! Cuando una abeja descubre un gran prado florido, advierte rápidamente a las otras abejas de la colmena con una pequeña danza, que les indicará la dirección y la distancia hasta el prado. ¡Zum, zum, es por allí!

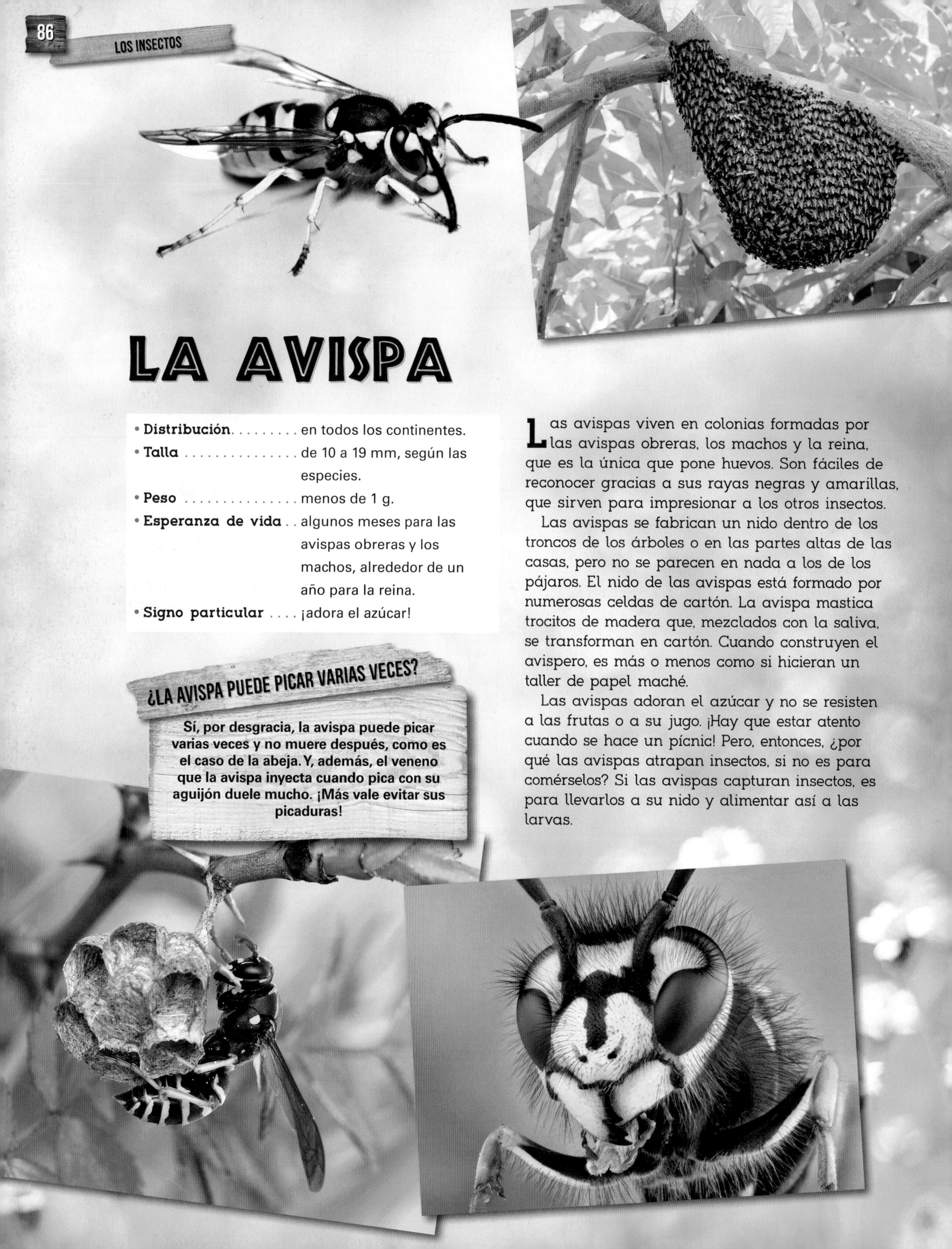

LA AVISPA

- **Distribución**......... en todos los continentes.
- **Talla**................ de 10 a 19 mm, según las especies.
- **Peso**................ menos de 1 g.
- **Esperanza de vida**.. algunos meses para las avispas obreras y los machos, alrededor de un año para la reina.
- **Signo particular**.... ¡adora el azúcar!

¿LA AVISPA PUEDE PICAR VARIAS VECES?

Sí, por desgracia, la avispa puede picar varias veces y no muere después, como es el caso de la abeja. Y, además, el veneno que la avispa inyecta cuando pica con su aguijón duele mucho. ¡Más vale evitar sus picaduras!

Las avispas viven en colonias formadas por las avispas obreras, los machos y la reina, que es la única que pone huevos. Son fáciles de reconocer gracias a sus rayas negras y amarillas, que sirven para impresionar a los otros insectos.

Las avispas se fabrican un nido dentro de los troncos de los árboles o en las partes altas de las casas, pero no se parecen en nada a los de los pájaros. El nido de las avispas está formado por numerosas celdas de cartón. La avispa mastica trocitos de madera que, mezclados con la saliva, se transforman en cartón. Cuando construyen el avispero, es más o menos como si hicieran un taller de papel maché.

Las avispas adoran el azúcar y no se resisten a las frutas o a su jugo. ¡Hay que estar atento cuando se hace un pícnic! Pero, entonces, ¿por qué las avispas atrapan insectos, si no es para comérselos? Si las avispas capturan insectos, es para llevarlos a su nido y alimentar así a las larvas.

LA HORMIGA

- **Distribución**......... en todos los continentes.
- **Talla** .... de 2 mm a 4 cm, según las especies.
- **Peso** .... menos de 1 g las más pequeñas.
- **Esperanza de vida** .. desde algunos meses para las hormigas macho hasta algunos años para la reina y las obreras.
- **Signo particular** .... ¡las hormigas son auténticas arquitectas!

Existen hormigas son negras, rojas o rojizas, amarillas... Son muy sociables y viven en colonias. Se distinguen las obreras, los machos y una o más reinas que ponen los huevos. Todo este pequeño mundo vive en un hormiguero, que se puede ver fácilmente en un jardín gracias a la cúpula que sobresale.

Bajo tierra, las hormigas construyen numerosas galerías, con muchos pisos y piezas diferentes, como graneros, habitaciones e, incluso, guarderías para los huevos y las larvas. Comen lo que encuentran en su camino y se vuelven locas por los alimentos azucarados.

¿CÓMO RECONOCER A LAS OBRERAS, LOS MACHOS Y LAS REINAS?

¡Es muy sencillo! La reina es bastante más grande que las otras hormigas. Se pasa el tiempo dentro del hormiguero, haciéndose mimar por sus congéneres. Todo está organizado para que la reina ponga muchos huevos. Por eso no sale nunca del hormiguero. Las hormigas obreras están constantemente activas. Construyen el hormiguero, montan guardia, buscan y transportan la comida. En cuanto a los machos, son los únicos que tienen alas y no viven mucho tiempo.

Créditos fotográficos

Fotolia.com : Geza Farkas : 12 (fond).

Shutterstock.com : Francois van Heerden (cubierta). Aaron Amat : 45 b - Abeselom Zerit : 34 hd, 34 md - Adam Van Spronsen : 23 bg - Aksenova Natalya : 82 mg - Aleksandar Kamasi : 50 bd - Aleksey Stemmer : 15 m - Alex Chernyavsky : 71 hd - Alex Helin : 28 h - Alexander Kazantsev : 76 md - Alfredo Maiquez : 48 (fond), 48 b - Ammit Jack : 20 h - AmyLv : 90 hd - Ana Gram : 82 hg - Anan Kaewkhammul : 36 md - ANCH : 17 m - ANDRE DIB : 44 hd, 64 b - Andrea Izzotti : 11 b, 65 bd - Andrey Armyagov : 61 h - Andrey Pavlov : 91 h - Andrzej Kubik : 37 mb, 39 bd, 83 b - anekoho : 87 bg - Ansis Klucis : 82 bd - Antoine Beyeler : 66 b - Anton_Ivanov : 64 mg - ANURAK - PONGPATIMET : 54 bg - apple2499 : 2-3, 94-95 - Arildina : 69 (fond) - arturasker : 18-19 - Ase : 20 (fond), 22-23 (fond) : 24 fond) : 26-27 (fond) : 28 (fond) - Belovodchenko Anton : 67 md - Benny Marty : 39 md - Bildagentur Zoonar GmbH : 40 (fond), 81 bd - Bloe fly : 86 b - bobbypix : 55 bd - Bryan Busovicki : 30-31 (fond) - Budimir Jevtic : 81 md - Calek : 12 b - Canon Boy : 80 md - Chalermpon Poungpeth : 75 hd - charlie davidson : 26 b - Chris Greig Photography : 51 bg - Christian Musat : 23 m, 68 hd - Coprid : 38 h - corlaffra : 91 hd - CraigBurrows : 50 hd - Curioso : 70 hd - cynoclub : 59 b - dangdumrong : 38 md - Dani Vincek : 89 md - danyssphoto : 79 bd - David Dirga : 22 b, 25 md - David Havel : 24 bg - David Osborn : 71 (fond), 71 md - Dennis van de Water : 78 mg - dien : 61 bg - Dive-hive : 14 (fond) - Djem : 60 h - Dmitry Chulov : 69 md - Dmytro Pylypenko : 65 md - DnD-Production.com : 77 hd - Don Mammoser : 16 m - Donovan van Staden : 37 (fond) - Doptis : 68 b - dptro : 45 h - DragoNika : 79 (fond) - Dudarev Mikhail : 72-73 - Dustie : 13 hd - EcoPrint : 36 b - Eduard Kyslynskyy : 56 h - Edwin Butter : 70 bd - Elena Yakusheva : 66 md - Eric Isselee : 20 m, 24 bd, 25 mg, 27 h, 32 hg, 34 bd, 35 md, 40 h, 55 hd, 65 hd, 80 bg, 81 hd, 86 md - Erik Mandre : 27 b - Etakundoy : 86 (fond) : 89 (fond) : 90 (fond) - Evgeniy Ayupov : 90 hg - Evgeny Karandaev : 54 h - f11photo : 17 b - Fedor Selivanov : 55 bg - FloridaStock : 62-63 - Gerald A. DeBoer : 78 hg - getideaka : 55 (fond) : 56 (fond) : 58 (fond) : 60-61 (fond) - goldenjack : 51 (fond) - grass-lifeisgood : 34 mg - GUDKOV ANDREY : 36 hd, 41 md - Hannu Rama : 78 (fond) - haveseen : 16 (fond) - Holly Kuchera : 22 h - Iakov Filimonov : 22 m, 69 hd - Ian Rentoul : 26 m - Igor Kovalchuk : 57 mg - Ireneusz Waledzik : 90 bd - Isabella Pfenninger : 33 (fond) : 34 (fond) : 36 (fond) : 39 (fond) - Jack Hong : 89 hd - JamesHou : 88 hd - Jamie Farrant : 75 bd - Jana Vodickova : 49 md - Jaroslav Moravcik : 89 bg - jaroslava V : 33 m - Jausa : 25 (fond) - jeep2499 : 50 bg - JIANG HONGYAN : 60 bg - Johan Swanepoel : 39 hd - JonathanC Photography : 40 mg - Julia Remezova : 79 m - Julian W : 93 - Kazlouski Siarhei : 75 (fond) : 76 (fond) : 80 (fond) : 82 (fond) - Klesz : 21 (fond) - Kletr : 15 h - Kondratuk A : 13 (fond) - Kotomiti Okuma : 64 h - Kristo-Gothard Hunor : 58 bg - Krunja : 59 hd - Kuttelvaserova Stuchelova : 49 h - Laboko : 29 h - Larus : 49 bd - Leonid Ikan : 64 (fond) : 66-67 (fond) : 68 (fond) : 70 (fond) - Lighttraveler : 75 md - LMPphoto : 59 hg - Lotus 41 : 14 bg, 15 (fond) - Lukas Gojda : 84-85 - Maggy Meyer : 32 (fond), 32 hd - Makarova Viktoria : 83 (fond) - Malota : 80 hd - Marco Uliana : 87 bd - Mark Bridger : 29 m - Mark Medcalf : 28 b - Martin Muzik : 29 (fond) - Mathisa : 87 h - Matt Jeppson : 48 m - Matthieu Gallet : 39 bg - Menna : 74 (fond) - Michael Conrad : 21 h - Michael Wick : 70 bg - Michal Jirous : 45 m - Mikadun : 44 bg - Miroslav Hlavko : 58 bd - Nadezhda V. Kulagina : 60 md - nattanan726 : 47 h - Natthasin chaiwisit : 12 h - Nejron Photo : 42-43, 51 hd - nelik : 21 b - Nomad_Soul : 11 (fond), 17 (fond) - Odua Images : 41 hd - Oil and Milk : 91 md - olga_gl : 24 h - Olga_i : 83 m - Ondrej Prosicky : 65 (fond), 67 h - Pakhnyushchy : 56 m - Patrick K. Campbell : 48 h - Pavel Krasensky : 90 bg - PCHT : 75 hg - Petr Podrouzek : 88 (fond) - Photo-SD : 54 (fond) - Photok.dk : 58 h - PhotoStock-Israel : 57 h - PicturesWild : 35 (fond) - Pyty : 33 bd - R.M. Nunes : 46 bg - Radu Bercan : 86 hd - Ricardo Reitmeyer : 44-45 (fond) : 47 (fond : 49-50 (fond) - Robby Fakhriannur : 91 (fond) - Roberto Tetsuo Okamura : 46 (fond) - Rudmer Zwerver : 56 b - saied shahin kiya : 88 md - schubbel : 81 (fond) - Scott E Read : 23 bd - Seb c'est bien : 10 m - Sergey Uryadnikov : 36 mg, 38 (fond), 67 bd - tryton2011 : 66 hd - shaftinaction : 26 h - Shaiith : 89 bd - sivanadar : 35 bd - smereka : 77 md, 80 bd - Sokolov Alexey : 11 m - Stacey Ann Alberts : 33 h - Stefan Pircher : 14 hd - stock_shot : 57 (fond) - Subbotina Anna : 52-53, 60 bd - Sue McDonald : 74 mg - Svoboda Pavel : 49 bg - talseN : 76 hd - Talvi : 37 h - TBalla : 27 m - Theodore Mattas : 32 bg - Tiger Images : 16 h - Tilo G : 47 bg - Tom Reichner : 28 m - Tomas Kotouc : 10 (fond) - TonyV3112 : 77 (fond) - Tory Kallman : 68 md - tryton2011 : 66 hd - Tsekhmister : 76 bg - Vaclav Volrab : 33 mg - Vadym Lavra : 87 md - Valentina_S : 74 md - Vilainecrevette : 8-9, 47 bd - Villiers Steyn : 37 md - Vladimir Hodac : 20 b - vladsilver : 64 md, 68 bd - Volodymyr Burdiak. : 41 (fond) - Volodymyr Krasyuk : 44 bd - Yann hubert : 10 bg - yoshi0511 : 61 bd - Ysbrand Cosijn : 54 md - zhengzaishuru : 13 hg. Oleksandr Lytvynenko, 20. Jiri Balek, 22. Wildlife photos, 22. Jakub Mrocek, 23. Eric Isselee, 25. Coatesy, 25. Kuttelvaserova Stuchelova, 55. photomaster, 56. Geza Farkas, 56. William Booth, 56. Vladimir Melnik, 61.